Aubeline Vinay

LE DESSIN DANS L'EXAMEN PSYCHOLOGIQUE DE L'ENFANT ET DE L'ADOLESCENT

2e édition
entièrement revue et actualisée

DUNOD

Tout le catalogue sur
www.dunod.com

DUNOD
ÉDITEUR DE SAVOIRS

ISBN 978-2-10-071034-8

SOMMAIRE

Introduction 7

CHAPITRE 1
Le dessin libre

I Qu'est-ce que dessiner ? 11

II Le dessin : outil de l'examen psychologique de l'enfant et de l'adolescent 12

1. Les qualités projectives du dessin d'enfant 12
2. La place du dessin en fonction des âges 14
3. Le dessin libre à l'adolescence 19

III La lecture d'un dessin 21

1. Les critères fondamentaux 21
2. Pour une interprétation objective 25
3. Les caractéristiques du dessin libre 27

CHAPITRE 2
Le dessin du bonhomme

I Le bonhomme en tant que miroir de soi 29

1. L'évolution du bonhomme selon les âges 30
2. L'image corporelle et le soi perçu 32

II Les différentes utilisations du dessin de bonhomme 33

1. Le test du bonhomme 33
2. Le dépistage de troubles neurovisuels 39

III Le corps amputé et le dessin du bonhomme 41
1. Le dessin du bonhomme en situation de cancer chez l'enfant ou l'adolescent 41
2. Le handicap moteur 42
3. Le traumatisme crânien 43
4. Le dessin du bonhomme dans les désordres psychiques 44

CHAPITRE 3
Le dessin de la maison

I La valeur projective de la maison 47
1. La symbolique de la maison 47
2. La localisation spatiale de soi dans le dessin de la maison 48

II L'évolution du dessin de la maison 49
1. Quelques caractéristiques générales 49
2. L'évolution en fonction des âges 51
3. Des maisons reflets de difficultés psychiques 55

III Le test du dessin de la maison selon Royer 57
1. La méthodologie 58
2. Le protocole d'étude du dessin de la maison 59
3. Quelques éléments pour l'interprétation du dessin de la maison 59

CHAPITRE 4
Le dessin de famille

I Les différents tests de dessin de famille 67

II Le test du dessin de famille selon Corman (1961) 68
1. La passation 68
2. Les consignes 69
3. L'entretien 70
4. La famille imaginée et la famille réelle 71

III L'interprétation selon le principe du processus d'identification 72
1. Le personnage principal mis en valeur 73
2. Les indices de la dévalorisation 75
3. Le mécanisme de surajout et le déplacement de personnage 77
4. La représentation des liens entre les personnages 79
5. Les interactions et les distances entre les personnages 80
6. Les niveaux d'identification 81

IV Le dessin de famille et la problématique de placement familial 83
1. La double appartenance et le conflit de loyauté 83
2. Le dessin de famille chez l'enfant victime 84

CHAPITRE 5
Le dessin de l'arbre

I L'arbre : objet symbolique de la construction psychique 87
1. L'étymologie de l'arbre 87
2. L'importance de l'arbre dans les sociétés 89
3. La projection de soi dans le dessin de l'arbre 91

II Le test de l'arbre selon la méthode de Stora 93
1. La technique de passation 94
2. La technique d'interprétation 96

III Le dessin de l'arbre dans l'approche psychopathologique 99
1. Les déficiences intellectuelles et le dessin de l'arbre 99
2. L'arbre chez l'enfant psychotique 100
3. Les troubles névrotiques chez l'enfant et le dessin de l'arbre 102
4. Le dessin de l'arbre et les déséquilibres psychiques 104

CHAPITRE 6
Autres techniques utilisant le dessin

I Avant-propos 107

II Les mandalas 107

III Le collage thérapeutique 109

IV Le travail créatif 110

Conclusion 113

Bibliographie 117

Index des notions 123

La trace dans l'évolution de l'Homme

La trace constitue le seul message d'espoir d'un passage, d'une existence de soi dans le monde et son histoire. Les traces sont multiples, de l'empreinte sur le sol aux traits laissés par la peinture ou l'écriture, elles témoignent toujours d'une vie active et/ou d'un effort réflexif. Chaque trace laissée par l'être humain est engageante en ce sens qu'elle démontre la capacité de mise en mouvement, les possibilités gestuelles et d'élaboration de la part de son auteur. À travers ses traces l'être humain fournit au regard d'autrui une part de son identité personnelle, une part de qui il est et de ce qu'il peut donner à voir. Autrement dit, la trace participe à la mise en contact avec l'autre, son regard, et donc à la relation et à la communication. Laisser une trace de soi, c'est être en mesure d'entrer dans une logique langagière.

La trace prend sens au fur et à mesure que le sujet se développe, elle prend sens en raison non seulement de son caractère durable, voire permanent, mais aussi par le retour qui en est fait lorsqu'elle est repérée par autrui. Le jeune enfant comprend, avec le maniement des feutres, du stylo ou de la craie, que son entourage réagit aux traces qu'il laisse sur la feuille de papier. D'abord traces, puis petit à petit, tracés, l'enfant va prendre plaisir à recevoir l'attention de l'autre par ses traits, ses œuvres, ses créations graphiques. Il va lui-même, dans un mouvement de reproduction de l'attitude adulte, retirer de la satisfaction à transposer de lui sur du papier, alors le tracé devient également source d'autosatisfaction de soi et de toute-puissance sur la matière par transformation et par « domptage » du support qu'il peut plier, percer, graver, imprégner. La trace peut aussi être comprise comme un souvenir sensoriel qui s'ancre dans le corps enfantin (Anzieu, 2010).

Autant les motivations de l'enfant à laisser trace de lui-même vont nous informer sur sa personnalité, autant la trace, en tant qu'objet, devient indicatrice d'une réalité propre à l'enfant. L'enfant va peu à peu utiliser ses capacités picturales pour répondre à un besoin de reconnaissance ; besoin qui peut perdurer à l'adolescence comme à l'âge adulte et se transformer en une réelle signature de soi pour exister. La trace reste et montre ce qui n'est plus.

Alors, au-delà de la trace, puis du tracé, le trait devient dessin. Il s'inscrit dans les activités de plaisir de l'enfant qu'il prend très au sérieux dans la mesure où à chaque fois, c'est de lui et de son monde de perceptions qu'il transmet.

Le dessin est entre autres défini comme une projection de sa propre existence et de celle des autres, ou encore comme le sentiment que l'enfant a de lui-même et des autres. Si l'on trouve davantage d'expression par le dessin chez l'enfant, c'est bien souvent en raison des compétences dont il dispose. En effet, l'enfant traduit mieux ce qu'il ressent par l'image que par l'écriture ou le chant ou d'autres techniques expressives qu'il ne maîtrise pas encore. Au moment de l'adolescence, associé à un déclin notable du dessin, le jeune trouve d'autres moyens pour répondre à son besoin d'existence par la trace en développant l'écriture poétique, l'expression artistique ou encore l'accomplissement dans l'activité physique et sportive. Par le dessin, nous voyons une possibilité d'accession à un monde intime de l'enfant et de l'adolescent chargé d'affects et témoignant de sa personnalité.

> Pour le clinicien, parler de la trace, écrite et/ou dessinée, c'est l'appréhender aussi comme support de projection, de médiation thérapeutique et de transfert, dans sa dimension tout à la fois expressive, d'échange et symbolique.
>
> C. Marcilhacy, *Le Dessin et l'écriture dans l'acte clinique*, 2011, p. 1.

Le dessin, qu'il soit libre, spontané ou orienté par une consigne vers une thématique singulière, est un outil utilisé chez de jeunes enfants vers 3 ans et quelle que soit la problématique investiguée (précocité intellectuelle, autisme infantile, difficulté relationnelle, etc.; Emmanuelli et Suarez-Labat, 2010). Désormais, l'utilisation du dessin dans l'examen psychologique de l'enfant et de l'adolescent semble un outil essentiel à la compréhension fine du sujet.

CHAPITRE 1

Le dessin libre

I QU'EST-CE QUE DESSINER ?

Pour certains, dessiner relève principalement d'une activité motrice. Il s'agit alors d'une expression graphique des capacités de représentation mentale de l'enfant. Nous préférerons y ajouter la notion d'*intentionnalité* de l'enfant ou de l'adolescent dans son acte et ainsi nous centrer davantage sur l'*acte créateur* que sur l'objet lui-même. Il conviendra alors de considérer le fait de dessiner dans un contexte large allant de la préparation du dessin, l'anticipation dans le « je vais faire un dessin », puis la réalisation même du dessin, dans laquelle nous repérons les mouvements pulsionnels, les émotions suscitées par l'acte, à la contemplation de l'œuvre une fois terminée. Dessiner s'inscrit donc dans une *dimension symbolique.*

Dessiner procède de trois visées signifiantes pour l'enfant. Cet acte traduit d'une part, l'expression de sa propre existence, de son passage dans une circonstance, une situation, une histoire. *Dessiner fait trace* d'une part intime de l'enfant. D'un autre côté, l'enfant, en dessinant, traduit, au-delà de ce qu'il pense être, ce qu'il ressent à un instant T. Il exprime ses craintes, ses angoisses, ses satisfactions en donnant un contenu à son dessin. Il inscrit son dessin dans sa réalité, relevant le plus souvent de la réalité socioaffective dans laquelle il évolue. Nous pouvons dire que *dessiner fait langage* entre l'objet, l'auteur et l'observateur. Enfin, par l'activité graphique, l'enfant expérimente à la fois ses aptitudes motrices de maîtrise du geste mais aussi ses limites dans la représentation de ses désirs. Il s'exerce au pouvoir de contrôle personnel et au pouvoir de création et de destruction de la matière (crayon, trait et support). Alors, dans cette perspective, *dessiner fait grandir.*

II LE DESSIN : OUTIL DE L'EXAMEN PSYCHOLOGIQUE DE L'ENFANT ET DE L'ADOLESCENT

Parce que le dessin correspond à une activité essentiellement enfantine, dans l'examen psychologique de l'enfant ou de l'adolescent, il peut s'avérer être un outil précieux d'informations sur le ressenti du sujet, sur sa part psychique intime et sur ses capacités relationnelles.

> Le dessin doit donc intéresser l'observateur au-delà de ce qu'il est censé représenter. Certes, l'enfant a besoin qu'on trouve « belle » l'œuvre qu'il a réalisée, mais des dessins malhabiles sont souvent plus riches de création que d'autres trop parfaits, souvent stéréotypés.
>
> P. Wallon, *Le Dessin d'enfant*, 2012, p. 5.

1 Les qualités projectives du dessin d'enfant

En considérant le dessin de l'enfant comme un don de soi et d'une part intime de son monde perceptif, nous lui conférons alors une valeur projective certaine, notamment lorsqu'il est utilisé dans le contexte de l'examen psychologique. « Hors de ce contexte, de cette adresse et de son caractère privé, il perd son sens et son interprétation devient hasardeuse » (Sternis, 2001, p. 51). Dans ce que nous nommons le dessin libre, nous comprenons d'une part le dessin réalisé spontanément par l'enfant, tout simplement parce qu'il aura à un moment donné besoin d'exprimer par le dessin ce qu'il ne peut exprimer verbalement, et, d'autre part, le dessin envisagé ou souhaité par l'adulte mais sans consigne thématique spécifique. Dans un cas comme dans l'autre, l'enfant va pouvoir totalement créer sur son support le monde perceptif dans lequel il se situe au moment où il réalise son œuvre.

L'absence de consigne offre plus de perspectives représentatives à l'enfant ou à l'adolescent qui ne se voit alors pas répondre à un thème orientant l'examen lui-même. L'enfant n'est ni dans la copie, ni dans l'imitation, il retranscrit ses affects. C'est donc son propre monde, sa personnalité que l'enfant va renseigner par l'intermédiaire de sa production. Le dessin libre constitue par excellence l'expression pulsionnelle de l'enfant et favorise l'utilisation contextuelle présente comme levier à la rencontre et à l'échange.

Dans l'examen psychologique, le dessin libre inscrit ainsi l'enfant dans une relation de séduction avec l'autre où il manifeste son plaisir de faire, de réaliser sous le regard du psychologue, de partager son œuvre, de communiquer en même temps que le dessin se concrétise et de montrer ce qu'il est capable de faire. Dans le dessin libre nous trouvons à la fois des éléments propres à l'activité graphomotrice et cognitive : maturité psychomotrice, coordination sensori-motrice, intégrité neurologique (Nguyên, 1989) ; mais également concernant son mode perceptif particulier. Nous y verrons ainsi le *niveau sensoriel* de l'enfant dans lequel les éléments dessinés, quelle que soit la qualité de leur facture, semblent reliés les uns aux autres, non coupés d'une forme de réalisme d'association. Nous pourrons aussi y voir le niveau de perception dit *rationnel* de l'enfant où la rigueur est de mise et le principe de netteté semble appliqué à la lettre, mais alors les éléments entre eux peuvent être moins coordonnés, moins liés et donc témoignent de moins de dynamisme.

L'utilisation du dessin libre dans l'examen psychologique constitue un indicateur des niveaux cognitifs, perceptifs et affectifs de l'enfant. En considérant cette épreuve comme une épreuve projective, nous lui conférons une valeur d'appréciation subjective dans laquelle la personnalité de par sa nature complexe et variée peut s'exprimer à des niveaux subconscients et inconscients. Le degré de liberté de la consigne favorise l'expression des tendances inconscientes. Le destinataire de l'œuvre réalisée par l'enfant ou l'adolescent revêt une importance capitale. Cet aspect peut présenter un biais interprétatif, lorsque malgré une consigne de dessin libre, le clinicien se sent obligé de « réclamer » pour lui la création. Il convient alors de voir avec le sujet à qui il souhaite destiner son œuvre et ainsi aller au bout de cette logique de liberté : non seulement il dessine ce qu'il souhaite, mais en plus il destine sa réalisation à qui il souhaite.

Nous aurons alors de nombreuses indications sur le message manifesté par l'enfant à un destinataire chargé de représentation symbolique.

Notons que les formulations verbales de l'enfant ou de l'adolescent pendant la réalisation du dessin offrent une multitude d'éléments facilitant la compréhension de la personnalité exprimée par celui-ci. Lorsque le sujet anticipe sa création, « je vais dessiner une maison », le dessin prend valeur de dialogue et d'échange, avec lui-même et son monde intérieur.

2 La place du dessin en fonction des âges

Il convient ici de distinguer deux aspects de la production graphique enfantine. Il y a d'une part ce qui correspond au développement séquentiel et ordonné dans le temps où le maniement du crayon s'affine en fonction de l'âge de l'enfant, où l'exploitation du support est de mieux en mieux gérée par l'enfant. Cette progression s'effectue en étroite correspondance avec son développement affectivo-cognitif et elle témoigne du passage d'un stade à un autre. D'un autre côté, il est nécessaire de noter dans les dessins d'enfants, quel que soit l'âge au moment de la réalisation, les tracés faisant référence à une période spécifique de l'existence. Nous tâcherons d'articuler dans cette partie ces deux aspects fortement dépendants l'un de l'autre.

> *La période fœtale*

Il est bien évident qu'à cette période l'enfant ne dessine pas, même s'il est en pleine période d'auto-création. En revanche, dans certains dessins d'enfants ou d'adolescents, nous pouvons repérer des formes particulières indiquant la présence durant cette période d'un choc ou d'un trauma de la vie *in utero*. Les formes les plus évocatrices sont celles du rond suivi d'un trait, tel un spermatozoïde, du parachute symbolisant soit la naissance, soit la chute de l'enfant, voire parfois du décrochage, du soleil morcelé témoignant l'insécurité, l'instabilité et le déséquilibre de cette période, de la forme arrondie, telle un haricot ou un ballon, révélant le besoin d'être rassuré par l'image englobante et maternante (Lefebure, 2006, p. 11-12).

Lorsque le clinicien décèle ces tracés au cours de l'examen psychologique, il doit également s'arrêter sur la qualité du tracé. En effet, un dessin dont la facture générale semble imparfaite, salie, bâclée, non aboutie, nous amènera à l'hypothèse d'un conflit psychique actuel chez le sujet, et ceci en relation avec la période fœtale. En revanche, un dessin de qualité au niveau de son trait nous fera davantage penser à un désir régressif, reflet du monde fantasmatique dans lequel se situe l'enfant ou l'adolescent.

> *Le stade oral*

Traditionnellement compris entre la naissance et l'âge de deux ans, le stade oral est, du point de vue du dessin, celui dit du *gribouillage*. Bien que n'ayant pas attendu pour laisser des traces (griffures sur la peau, dessin de sillons dans la bouillie), les premières traces écrites sont généralement situées vers le neuvième mois, lorsque l'enfant prend en main un crayon pour faire un trait ; moment magique et merveilleux dans lequel un simple geste ne s'efface pas mais laisse une trace visible. Quelques expérimentations répétées de ce mouvement permettront à l'enfant d'élaborer un schème secondaire d'action qui le fera entrer dans le monde de l'activité graphique.

> Entre deux et trois ans, à côté du pouvoir du mot, l'enfant découvrira le pouvoir de l'image et sa capacité à signifier par un dessin, découverte d'autant plus aisée et appréciée que l'environnement culturel a familiarisé l'enfant à ce mode d'expression (...). Conscient d'un savoir-faire, l'enfant s'exerce à produire davantage et mieux : il multiplie les essais, manipule les outils et les supports, expérimente les gestes et leurs effets ; il cherche de nouvelles combinaisons, en fixe certaines, en élimine d'autres, améliorant sans cesse ses propres schémas.
>
> A. Cambier, « Les aspects génétiques et culturels », in P. Wallon *et al.*, *Le Dessin de l'enfant*, 2008, p. 43.

Le gribouillage est situé vers un an pour être abouti vers trois ans. Nguyên (1989) évoque le gribouillage vertical (avant 18 mois) où l'enfant trace des lignes ovoïdes et des traits obliques allant de droite à gauche et de haut en bas, puis le gribouillage horizontal (après 18 mois) lorsque l'enfant est en mesure de tracer des traits horizontaux de gauche à droite. Le passage de la verticalité à l'horizontalité montre l'évolution de la perception de l'enfant entre le monde extérieur et le monde intérieur. « Finalement, ces premières traces laissées par l'enfant ont la même fonction que le jeu de la bobine décrit par Freud, mise en scène fantasmatique de la disparition et de la réapparition de la mère, orchestrée cette fois par l'enfant » (Weismann-Arcache, 2001, 39). Les arrondis font leur apparition et l'intérêt de l'enfant pour ce qu'il réalise va croissant.

Les dessins d'enfants ou d'adolescents reflétant le stade oral sont principalement composés de cercles à antennes, de ronds avec un point central, d'ébauches d'yeux et de bouche dans une forme plus ou moins arrondie. On assiste alors à la construction de l'image dynamique du sujet. Cependant, lorsqu'un enfant plus âgé réalise des dessins où l'oralité semble prégnante, cela traduira souvent le signe de l'angoisse existentielle, du manque affectif précoce. C'est le stade des besoins qui n'a pas été comblé, bien plus que le stade de l'élaboration des désirs, l'enfant n'en est pas là dans sa maturation psychique.

> *Le stade anal*

Il convient ici de distinguer plusieurs phases relatives au stade anal. Il s'agit pour les enfants davantage d'une écriture sans lettre et sans image. Le dessin constitue une réponse directe au besoin de mouvement, « d'expression de rythme vital », de gesticulation. Entre 2 et 4 ans, le geste devient de plus en plus contrôlé, il se ralentit et la forme va naître. La main acquiert peu à peu le contrôle de ses mouvements et petit à petit, elle ne répondra plus qu'à un besoin essentiel de l'enfant : le besoin d'expression de soi. Tout d'abord tracé sphérique, la boucle va précéder l'angle, demandant un effort de volonté et un geste plus intentionnel.

> Ovale, goutte, carré sont les premières variantes de ce que nous appelons le cercle initial. Mais le cercle peut aussi demeurer et se perfectionner comme tel ; il est alors le point de départ d'une grande famille : la figuration humaine.
>
> A. Stern, *Une grammaire de l'art enfantin*, 1966, p. 8-9.

Vers la fin de la troisième année, l'enfant effectue un *gribouillage différencié* dans le sens où « l'enfant a encore tendance à gribouiller mais à l'intérieur de cette masse, des formes s'isolent » (Nguyên, 1989, p. 21). C'est ce que Luquet (1927) a nommé le réalisme fortuit, lorsque l'enfant dessine puis définit après-coup la signification formelle de sa production. Ainsi, « le gribouillis n'était ni tout à fait un objet, ni tout à fait un espace. Nébuleux, il préfigurait l'un et l'autre » (Stern, 1966, p. 8).

Outre l'activité graphomotrice correspondant au stade anal, certains dessins traduisent une centration sur cette période du développement psychique. On pourra y distinguer deux formes d'analité : la soumission et l'agression. L'enfant ou l'adolescent montrant dans sa création une fixation au stade anal soumis témoigne de son besoin d'identification à l'autre, source de gratification adulte et donc de plaisir. Ces dessins montrent une grande maîtrise du paraître, à la fois par la méticulosité avec laquelle ils sont réalisés mais aussi avec le souci extrême de plaire et de satisfaire à la demande. C'est l'intellect qui s'exprime plus que le corporel. La production montrant une fixation au stade anal avec, cette fois, une caractéristique d'agression, laisse une impression de mouvement, de rapidité, de bruit et de brutalité des traits et des objets dessinés. L'enfant est alors opposant, capricieux. Certaines problématiques se jouent au cours de ce stade et se traduisent par une forme d'agression. Il s'agit de la jalousie fraternelle, la naissance et la découverte de la finitude de l'existence ou encore du monde et de la curiosité qu'il suscite ainsi que celle de la sexualité.

> *Le stade phallique*

Vers l'âge de trois ans, l'enfant entre dans une phase schématique s'étendant jusqu'aux environs de la sixième année. Mais alors, il apparaît une phase transitoire dans laquelle, le jeune enfant traduit dans ses dessins une forme d'agressivité soit par le blanc laissé sur sa production, qui accroche le regard renvoyant à la notion de vide, soit par l'utilisation outrancière de couleurs vives telles que le rouge. Une fois cette étape transitoire passée, l'enfant exprime sa curiosité pour la découverte de l'autre et de soi, vers une ébauche d'adaptation sociale, le principe du dessin étant que l'enfant schématise ce qu'il souhaite représenter par une indication graphique. Les lignes, les traits et autres taches permettent à l'enfant de parvenir à ses fins. Les ronds sont à présent bien formés et bien fermés, « contemporains de l'acquisition du "je" » (Weismann-Arcache, 2001, p. 41).

Dans cette période de la *représentation conceptuelle*, les formes verticales nombreuses nous informent de la mise en place du stade phallique au cours duquel l'enfant parvient à représenter différemment les deux sexes. Vers la cinquième année, les scènes dessinées deviennent plus complexes, les personnages ainsi que les objets sont représentés dans un environnement, généralement signifié, vers l'âge de 6 ans, par les premières bandes de sol et de ciel. À travers ses productions, l'enfant part à la découverte de qui il est et de qui sont les autres, il a dépassé la phase de la possession ainsi que l'étape de l'agir. Le dessin de l'enfant au stade phallique va être celui exclusivement de la curiosité et de la découverte de sa capacité de penser.

> *L'œdipe*

Alors le bonhomme devient dynamique, en mouvement, à l'image de l'ébullition psychique dans laquelle l'enfant dessinateur se trouve. La production graphique va se transformer en une expression de la relation émotionnelle d'avec l'autre. Dans un premier temps, les dessins traduiront la phase de séduction de ses parents dans lesquels petites fleurs, petits cœurs et douceur seront présents. Évidemment, l'image diffère toujours de l'objet réel car l'enfant à cette étape symbolise en quelque sorte sa représentation même de l'objet réel.

Puis, tout comme Œdipe, l'enfant entre dans une seconde étape de sa construction psychique où il va se séparer symboliquement des images parentales pour choisir, un temps, de s'identifier à sa propre force. Le dessin exprimera cet aspect notamment par la grandeur, les maisons ou bâtisses de type forteresse, l'imposante présence du « roi » soleil. Le dessin devient souvent le champ de l'expression de l'*ego* exacerbé. Puis, l'enfant semble s'apaiser, se radoucir dans une forme d'acceptation de son identité personnelle, choix de son sexe, choix de sa personnalité, il va entrer dans la période de latence. Les dessins deviennent plus standardisés, témoignant de scènes quotidiennes. La résolution œdipienne s'effectuera ultérieurement, au moment de la puberté.

> *La période de latence*

Si la crise semble s'atténuer en termes de pulsions sexuelles, en revanche, la structuration du Moi est une étape majeure à partir de la septième année. Alors, les dessins d'enfant traduisent ces changements psychiques internes invisibles pour l'entourage ainsi que les aspects visibles tels que l'image corporelle qui s'allonge, qui prend des formes plus prononcées mais encore incertaines. Ozinga (1969) évoque, vers la septième ou huitième année, la phase du sentiment de la forme ou encore « la phase de l'approche de la création » (*op. cit.*, p. 47). L'aspect schématique va peu à peu disparaître du dessin et va s'orienter vers une représentation réaliste, conforme aux informations visuelles.

Vers l'âge de neuf ans, l'enfant se consacre davantage à la silhouette et au contour dans le but d'atteindre l'exactitude de l'objet représenté. Vers dix ans, le dessin perd une grande partie de sa dimension symbolique. Les caractéristiques du dessin sont alors une raideur extrême, la symétrie est recherchée, entraînant ainsi la disparition de la souplesse du trait, de la légèreté de l'activité créatrice. Vers la onzième année, l'enfant entre dans une *période de naturalisme* où seul le *réalisme visuel* apparaît capital. Se dirigeant vers l'adolescence, l'enfant cherche à s'exprimer par d'autres moyens que le dessin. Toutefois l'activité graphique au moment de l'adolescence peut être d'une grande aide au cours de l'examen psychologique.

3 Le dessin libre à l'adolescence

L'adolescence est le moment particulier de la recherche de soi et de la compréhension du sens que l'on donne à son existence. Concernant le dessin, Ozinga (1969) évoque l'entrée dans une phase chaotique ou de tâtonnements vers l'âge de 12 ans. Les thématiques de dessin d'adolescents traduisent la nécessaire et difficile étape d'identification afin de se réaliser et de s'autonomiser. Les monstres surpuissants symbolisant l'idéal à atteindre sont fréquents dans les créations artistiques de cette période. Les personnages deviennent plus stylés, plus simplifiés dans leur tracé et même représentés par une pensée ou une forme abstraite.

Cette période de l'adolescence recèle de multiples richesses en ce sens que le jeune est à lui seul une « éponge » émotionnelle, sensitive et affective. Les dessins, lorsqu'ils sont demandés, perdent de leur spontanéité, sont très réfléchis mais en même temps décrivent un panel d'émotions inimaginable dans un dessin d'enfant plus jeune. Même dans les dessins copiés, la part émotionnelle ressurgit, notamment à travers les erreurs de représentation ou les disproportions des objets ainsi copiés. L'amitié, la sympathie ou la « haine » sont traduites dans ces dessins et la passion vient prendre place dans l'ensemble de ces créations. Les commentaires accompagnant les productions graphiques sont capitaux dans la mesure où ils sont l'expression de l'extrémisme affectif de l'adolescence. La violence et la force des propos peuvent parfois surprendre et pourtant, ils permettent au jeune de s'expérimenter dans le prisme du ressenti.

L'adolescence est un passage dans lequel l'individu se cherche, cherche à se connaître, à savoir qui il est intimement afin d'envisager une reconnaissance par autrui, en qualité d'être uni et unique, continu et affirmé, différent et semblable, cohérent et original, capable de permanence et de relance dans les situations difficiles. Le risque de la crise d'identité à la puberté consiste en une fixation sur une image de soi déviante ou marginale. Certains adolescents peuvent s'inscrire dans une forme d'errance psychique qui sera transcrite dans leurs productions par du non-sens, des personnages angoissants, dévorateurs d'enfance, l'utilisation excessive du noir et des gris, des êtres multiples à plusieurs têtes (identités), perdus dans une nébuleuse infernale, la mer houleuse et dévastatrice, témoignages de cette difficulté. De plus, les dessins scindés en deux, les visages sans contour, les objets vidés de contenu, les êtres humains robotisés sont quelques exemples des thématiques fréquentes au cours de cette phase. L'activité créatrice peut être d'un grand secours dans ces situations car elle favorise non seulement l'expression de cette préoccupation existentielle mais encore, elle met en évidence le repli schizoïde du jeune.

Cette étape passée, les jeunes vers 15-16 ans vont entrer dans la *phase de l'ordonnancement* puis dans celle *du perfectionnement*, qui prend fin entre 21 et 23 ans. Tous les domaines de l'expression de soi seront alors privilégiés, de la musique au théâtre, à l'implication scolaire. La marque de soi réfléchie et calculée s'exerce dans tous les domaines, y compris dans l'art mural du tag permettant de se donner un nom, son nom de créateur et penseur. C'est ici le passage de l'enfance à l'âge adulte qui est caractérisé. C'est finalement comprendre que donner permet de s'enrichir, c'est donc être adulte.

III LA LECTURE D'UN DESSIN

1 Les critères fondamentaux

Si la contemplation ou l'estimation subjective de l'esthétique d'un dessin d'enfant nous apparaît être un exercice aisé, il en va tout autrement lorsqu'il s'agit de fournir une lecture objective afin d'en faire une interprétation clinique fine. Il existe pour cela quelques critères fondamentaux précis.

> *Les caractéristiques affectives du sujet*

Dans un premier temps, nous noterons l'ensemble des éléments relevant du *tempérament* de l'auteur. Il convient donc de se demander à première lecture quel niveau de personnalité le dessin nous révèle. Ces caractéristiques sont les plus observables en ce sens qu'elles sont étayées par le mouvement du dessin, la direction, l'utilisation de l'espace, la force ou la faiblesse de l'appui sur le support, la couleur. L'enfant ou l'adolescent se positionne dans un espace, il doit dans un premier temps gérer l'angoisse du vide symbolisé par la feuille blanche, puis aménager son dessin, afin soit d'y ressentir une certaine sécurité, soit de s'y retrouver tel que son monde intime lui permet d'exister. Nous partons, dans nos sociétés occidentales, du principe que toute lecture se fait de gauche à droite, ainsi le mouvement des personnages, l'évolution vers la droite ou vers la gauche de l'œuvre nous fourniront des indications quant aux centrations de l'enfant.

C'est l'*orientation* générale de la production (1) qu'il convient de relever ici. Tout comme pour l'écriture, nous évaluerons la mise en page du dessin ou son *ordonnance* (2), c'est-à-dire les plans, les axes et les rapports de masses (Lefebure, 1993, p. 6). Dans cette observation détaillée, nous noterons également *le cadre* dans lequel l'enfant se situe (3), ainsi c'est la présence ou l'absence de marges que nous prendrons en considération. Un autre élément à remarquer se situe dans *la prise d'appui réel* (4) de l'enfant. Il est bien évident que chez les enfants de moins de 5-6 ans, le positionnement sur la feuille ne s'inscrit pas dans la même réalité sociale que chez les plus âgés. Il apparaît ainsi important de toujours resituer la lecture du dessin en fonction de l'âge de son créateur. Puis, nous noterons les capacités d'affirmation de soi de ce dernier par l'intermédiaire notamment des *dimensions* (5) et des proportions. Celles-ci sont-elles bien respectées ? L'enfant paraît-il inhibé à travers la petitesse des éléments dessinés ? Au contraire, est-il exubérant dans ses tracés ?

Nous considérerons également les *formes* dessinées (6). Nous y verrons ainsi les capacités de l'enfant à créer et à être original en fonction des formes tracées, si elles sont plutôt symétriques, angulaires, arrondies, croisées, sur la verticale, sur l'horizontale... L'excès dans un sens comme dans l'autre par la présence ou par l'absence est souvent signe de pathologie. Puis, nous passerons au *positionnement projectif du sujet* dans le dessin (7). Non seulement, il convient d'observer si l'enfant se représente dans sa production ou au contraire s'il s'en exclut.

Mais aussi, nous repérerons le positionnement projectif en relation avec les autres éléments du dessin (proche d'un objet, d'une personne, isolé, etc.). Il s'agit ici d'évaluer la situation affective de l'enfant ou de l'adolescent, ses intérêts ou préoccupations, son dynamisme personnel. Alors, il sera possible d'observer tout *ce qui fait lien* (8) dans le dessin entre les objets et entre les personnages représentés. Les liens ou leur absence témoignent des besoins relationnels de l'enfant, de ses désirs comme de ses espérances. C'est *l'ensemble du dynamisme* (9) de la personne que nous noterons. Au passage nous prendrons en compte, d'une part, les catégories d'appartenance des éléments dessinés à savoir le monde humain, matériel, végétal, animal, mélangé, etc., et, d'autre part, le caractère attribué à chaque objet (douceur, protection, agression, férocité, etc.).

Enfin, en dernier lieu, nous veillerons *aux couleurs utilisées, aux pressions du trait et aux reliefs* du dessin (10). Généralement dans nos sociétés nous attribuons le rouge aux sentiments de colère, à l'aspect sanguin de l'être, et le noir à la morbidité, à la dépression. « Les travaux récents montrent que l'usage symbolique de la couleur s'adapte aux caractéristiques émotionnelles des dessins » (Baldy, 2011, p. 250). Il conviendra ici s'agissant d'un enfant ou d'un adolescent de pondérer nos observations. Effectivement, l'entretien avec le sujet nous permettra d'avoir une compréhension plus fine de son choix de couleurs pouvant aller du « parce que les autres feutres ne marchaient pas » au « c'est ma couleur préférée ». Pour la symbolique chromatique, nous nous en tiendrons à l'ensemble du dessin selon que les couleurs privilégiées sont plutôt froides ou chaudes. Les reliefs donnent, comme leur nom l'indique, de l'altitude, ils créent l'immensité ou le nombrilisme par leur absence, ils traduisent le besoin de souffle, d'évasion ou à l'inverse de confinement, d'introspection.

> Les caractéristiques physiologiques du dessin

Le second temps de l'interprétation objective du dessin consistera à observer ce qui fait trace, ce qui fait l'être, à savoir le trait. Dès la première trace l'on peut repérer le trait, sa force, sa vigueur, ses orientations, etc. Nous reprendrons les huit éléments du trait définis par Fernandez (2005). Ces caractéristiques physiologiques du tracé sont réparties en deux sous-catégories correspondant à tout ce qui compose le dynamisme, l'activité du trait, le fait qu'il soit vivant. Parmi ces éléments actifs, Fernandez remarque *l'appui et l'épaisseur du trait* (1). Lorsqu'un enfant ou un adolescent utilise le crayon de façon prononcée avec une forte épaisseur, cela renvoie à la capacité du sujet à être dans l'action, à rechercher l'affirmation de soi tout en s'essayant dans des attitudes physiques opposantes. Le rapport à la matérialité semble primer sur le fait de privilégier la vie intérieure. L'enfant semble assuré, audacieux et énergique.

La netteté (2) du trait apparaît comme le témoin d'une capacité plus forte à l'indépendance du sujet, l'équilibre psychique et la solidité tout en y associant une forme de froideur dans les échanges sociaux. *La droiture* du trait (3) serait une caractéristique de la capacité de prise de décision, l'absence d'hésitation pour gérer les événements de vie y est observable. Enfin, *la rapidité* du trait (4) serait le signe de l'énergie motrice. Parmi les éléments dits passifs, Fernandez (2005) retient *la légèreté* du trait (5) où la soumission est présente avec une faculté de « ressentir la réalité, jouir de ses perceptions » (*op. cit.*, p. 35). Chez l'enfant ou l'adolescent, ce trait léger évoquera la timidité, la fragilité et le manque de confiance en soi. Le trait peut également être *pâteux* (6) et l'on notera dans ce cas son positionnement sur la feuille. S'il est pâteux sur la gauche de la feuille, nous considérerons une sensibilité exacerbée relative au passé, s'il l'est à droite de la feuille, c'est l'ensemble de la vie sociale actuelle qui sera chargée de sentiments et d'affects. La pression est congestive, traduisant un trouble émotionnel qui vient parfois empêcher l'échange et la mise au travail psychique.

Les traits à caractéristique *courbée* (7) révéleront la nature du monde intérieur du sujet où les images sont importantes, avec une forte richesse expressive. Crotti et Magni (2001) proposent de considérer la circularité et l'arrondi excessif du trait comme un désir de protection exprimé par l'enfant rappelant le cocon fœtal. Enfin, nous noterons *la lenteur* du trait (8), témoignant de nombreux obstacles psychiques empêchant l'action. La prudence et l'hésitation sont importantes, indiquant quelque conflit ou quelque inhibition. Outre ces procédures spécifiques et rigoureuses de lecture d'un dessin d'enfant ou d'adolescent, d'autres démarches éthiques conditionnent la qualité interprétative.

De nombreux auteurs ont proposé une méthodologie pour l'analyse d'un dessin. Nous pouvons citer, parmi les plus récents, les travaux de Jumel (2011, p. 58) qui donne un cadre pour l'analyse du dessin. Ce cadre détaille la prise de notes de l'observateur, l'organisation catégorielle des notes sur la feuille, le regroupement en différentes parties, qui facilitent la synthèse de l'observation. Cognet en 2011 propose une fiche de dépouillement pour la lecture d'un dessin. Cette feuille est organisée en trois parties : la première impression d'ensemble ; l'analyse des procédés du dessin qui prend en compte les éléments relationnels avec le clinicien ; et l'évaluation des modalités du fonctionnement mental (Cognet, 2011, p. 109-110). Cette procédure de compréhension d'un dessin constitue un outil intéressant, notamment lors de la réalisation de bilans psychologiques.

2 Pour une interprétation objective

Notons que pour toute lecture objective d'un dessin d'enfant, les éléments d'anamnèse et un entretien avec les éducateurs de l'enfant sont nécessaires. De plus, il serait erroné, voire dangereux, de penser fournir une analyse fine d'un dessin d'enfant ou d'adolescent dont nous n'aurions pas assisté à la réalisation. Effectivement, le moment de réalisation du dessin est capital pour le clinicien, qui non seulement peut noter l'ordre d'apparition des éléments dessinés, mais aussi relève les émotions suscitées par la représentation de certains objets. L'analyse *in fine* peut être envisagée lorsqu'elle vient étayer et compléter une première observation clinique.

Dans tous les cas, le dessin de l'enfant reste une création permettant l'expression de soi qu'il convient de prendre avec sérieux et respect. Il est bien évident que les jugements qualitatifs, les indications et les suggestions sur une telle production ne feraient qu'ôter de l'information et de l'analyse clinique au dessin. De plus, cette production révélant une part intime du sujet peut servir de levier à l'échange et à l'instauration de la relation de soutien. Le dessin de personnages nous renseignera notamment sur l'image inconsciente du corps. Les traumatismes éventuels, le mode d'échange relationnel, la cohérence interne de l'enfant y seront représentés. Aussi, l'interprétation du dessin, s'il nous est adressé, se fera, en dehors de la présence de l'enfant, mais toujours avec son accord préalable. Il convient également, dans un respect déontologique, d'indiquer à l'enfant, dès la première rencontre, l'objet de celle-ci, ses enjeux et son devenir thérapeutique s'il y a lieu.

Le sujet est unique, sa production graphique l'est aussi. Il est donc nécessaire de rester prudent et de ne pas généraliser des caractéristiques de l'activité graphique que l'on pourrait penser universelles, figées et non modulables. De plus, l'interprétation d'un dessin d'enfant ou d'adolescent se réalise toujours sous forme d'hypothèses cliniques. Les entretiens qui suivront viendront affiner ces hypothèses pour éventuellement les infirmer ou les confirmer. Une production graphique est toujours à considérer dans son ensemble, en disséquer les éléments un par un risquerait de faire perdre l'essence même de sa réalisation. Le dessin appartient à un contexte particulier, dans un environnement et des conditions de réalisation spécifiques.

Ainsi, il faut garder une grande humilité face à un dessin qui à lui seul ne peut pas tout expliquer, tout élucider, tout solutionner. Dans l'examen psychologique de l'enfant ou de l'adolescent, le dessin ne constitue qu'une partie des outils servant au diagnostic, il ne peut en aucun cas permettre une affirmation certaine quant à une pathologie ou un traumatisme. L'actualité quotidienne mentionne des erreurs d'interprétation ; notamment à la simple lecture d'un dessin, il est essentiel que les psychologues ne discréditent pas leur profession et cet outil par des analyses sauvages empreintes de projections multiples. Dans des situations de maltraitance familiale ou d'agression sexuelle sur enfant, l'on observe souvent une forme d'envahissement émotionnel chez les adultes provoquant un glissement rapide de la suspicion à l'accusation à la suite de la simple lecture d'un dessin. Lors d'une telle évaluation, seule la complémentarité de plusieurs techniques pourra aboutir à la vérification objective des hypothèses.

Enfin, non seulement l'enfant pourra choisir le destinataire de son dessin qui ne sera pas nécessairement le thérapeute, mais encore l'emplacement du dessin devra correspondre aux raisons de sa réalisation. Autrement dit, un dessin témoignant des conflits affectifs de l'enfant, de ses difficultés psychiques et de sa souffrance intime ne sera en aucun cas un objet d'exposition dans un bureau de psychologue. De la même façon, lorsque d'un commun accord le dessin est exposé, il est nécessaire de veiller à ce qu'il n'ait pas d'éléments identifiants visibles. Il est toujours possible de négocier avec l'enfant que le prénom soit inscrit au dos du dessin. Bien évidemment, le nom de famille, la date de naissance ou autre ne doivent pas être portés à la vue des personnes pénétrant dans le bureau du psychologue, qu'il s'agisse d'autres enfants, de professionnels ou de parents d'enfants.

3 Les caractéristiques du dessin libre

Le tempérament et le trait sont les éléments fondamentaux d'observation d'un dessin. Pour le dessin libre notamment, nous considérons quatre aspects de la création. Tout dessin libre est *expression de soi*. Le tempérament peut s'y lire par l'intermédiaire des états émotionnels suscités pendant sa réalisation, des couleurs utilisées, de la gestion du vide et de l'espace, des caractéristiques de la forme et de la nature des traits.

> L'expression n'est pas un spectacle pour les yeux, elle ne peut être captée qu'avec les vibrations du corps. Ce n'est pas avec des yeux accoutumés à reconnaître des objets qu'il faut entrer en contact avec les tableaux contenant l'expression. L'expression est un moment de condensation, une buée colorée sur un plan de papier qu'a frôlé un corps en transpiration.
>
> A. Stern, *L'Expression ou l'homo-vulcanus*, 1973, p. 35-36.

Le dessin libre possède encore une valeur de *narration de soi*. Il est une histoire racontée par bribes, par messages symboliques. C'est l'imaginaire qui est ici projeté narrant un moment heureux, une situation éprouvante ou un désir inespéré. La thématique du dessin dépend le plus souvent du contexte dans lequel il est réalisé. Aussi, il ne sera pas rare pendant les périodes de fêtes de fin d'année de voir fleurir des sapins de Noël, des Père Noël ou des cadeaux à profusion... L'enfant raconte alors en partie ses rêves. Il montre ses états émotionnels dans des situations d'actualité et c'est son monde imaginaire qu'il nous livre à travers son dessin. L'analyse de la perception de la réalité ne sera que plus complète si des comparaisons de plusieurs dessins sont effectuées.

Le dessin libre possède également une troisième valeur de *projection de soi*. Le dessin agit, en effet, comme un miroir de la façon de se percevoir et d'introduire l'humain dans le monde ambiant. C'est dans cette perception projective que l'on pourra observer le dessin dans son ensemble, voir ce qu'il « transpire », ce qu'il dégage de manière générale comme ressenti (bien-être, sérénité, perturbation, préoccupation, choc, etc.). La personnalité dans sa globalité est donc visible en partie par ce dessin à caractère projectif. Enfin, le dessin libre revêt une dernière valeur que l'on nommera d'*association* où s'entremêlent l'expression, la narration et la projection de façon singulière pour chaque individu. Tout est ici considéré, de la forme au trait, du contenu à l'émotion, de la symbolique à la thématique, dans une approche psychodynamique… Les bizarreries, la présence ou l'absence d'originalité feront l'objet d'une attention particulière dans ce principe d'association.

Si nous avons commencé cet ouvrage à propos du dessin en général et du dessin sans consigne, le dessin libre, il nous paraît à présent important d'envisager les différents éléments du dessin de manière plus spécifique. Aussi, le dessin des personnages, du bonhomme et leur observation nous apportent de nombreuses informations sur l'examen psychologique de l'enfant et de l'adolescent.

CHAPITRE 2

Le dessin du bonhomme

1 LE BONHOMME EN TANT QUE MIROIR DE SOI

Le dessin d'un bonhomme a ceci de spécifique qu'il est à la fois dessin de l'autre universel et dessin de soi tel que le corps en est perçu. On constate que quelles que soient les époques et quelles que soient les cultures, le bonhomme est toujours représenté de la même façon. Contrairement à d'autres objets de dessin, le bonhomme peut être rapidement figuré par de simples formes basiques. Le trait et le rond permettent dès le plus jeune âge de représenter un bonhomme.

Notons également que l'on peut apprécier le dessin du bonhomme selon plusieurs axes. Effectivement, le personnage humain peut être considéré selon une addition d'éléments distincts permettant de le constituer (bras, tronc, tête, oreilles, etc.). Le bonhomme peut encore être observé selon ses disproportions, par exemple une partie du corps représentée de façon imposante ou trop discrète. Il est aussi possible d'envisager le bonhomme dans l'interaction avec d'autres bonshommes ou objets du dessin. Enfin, le bonhomme peut s'apprécier dans le dessin dans son ensemble selon les critères d'interprétation du dessin libre. Toutes ces approches définissent l'objectif dans lequel nous situons le dessin dans l'examen psychologique, en fonction des informations que le clinicien souhaite obtenir dans son évaluation.

Peu à peu, le dessin du bonhomme va être répété à profusion par le jeune enfant; il passera par de nombreuses expérimentations afin de devenir de plus en plus ressemblant à la réalité. L'enfant en dessinant des bonshommes va pouvoir s'exercer à la ressemblance, à la différence. Il va pouvoir réaliser des bonshommes incomplets, cassés, des bonshommes idéaux telles des princesses... De plus, tout le développement de la vie pourra être représenté par l'enfant ou l'adolescent, les phases développementales de la naissance à la vieillesse pourront être exprimées et travaillées par l'enfant. Ainsi, le dessin du bonhomme est plutôt assimilé à une tâche intellectuelle qu'émotionnelle. Tout en se perfectionnant dans la représentation humaine, l'enfant va également faire des découvertes quant à son propre corps. Le dessin de bonhomme peut ainsi être une aide dans la connaissance de soi-même en comparaison avec les images corporelles d'autrui.

> L'enfant a des connaissances sur l'être humain, comme il en a sur les autres catégories d'objets mais en plus il se vit psychologiquement et physiquement comme un être humain. L'organisme humain n'est pas qu'un objet physique ou mécanique comparable aux objets artificiels qui nous entourent. Il est à la fois vécu, ressenti, fantasmé, instrumentalisé. Il est aussi l'incarnation d'une conscience de soi qui se forme au cours du développement et qui se modifie perpétuellement.
>
> R. Baldy, *Dessine-moi un bonhomme. Dessins d'enfants et développement cognitif*, 2010, p. 83.

1 L'évolution du bonhomme selon les âges

Il est apparu aux différents chercheurs une évolution généralisable à tous les enfants du dessin du bonhomme. Ces constatations effectuées dès 1866 par Coke, puis par Ricci (1858-1934), suivis de Sully en 1895 (cités par Baldy, 2010), permettent l'établissement des différentes phases de réalisme dans le dessin d'enfant, alors nommé le *pouvoir figuratif*. C'est Luquet qui en 1927 présente sa thèse à propos du *réalisme fortuit* puis du *réalisme manqué*, le *réalisme intellectuel* suivis du *réalisme visuel* dont l'acquisition n'est pas donnée à tout le monde. Cette approche du dessin d'enfant capable d'évolution, de changement et de dynamisme ouvre la voie à des études plus approfondies où l'évolution du dessin de bonhomme est à son tour décortiquée.

Le dessin du bonhomme connaît une évolution caractéristique rapide. D'une part, les bonshommes entre eux sont de plus en plus différents, d'autre part, les catégories de personnages se complexifient, allant de l'être humain selon les âges vers les autres espèces qu'humaines, où les animaux seront largement représentés.

> Le simple cercle du têtard devient deux cercles de dimensions variables : celui du bas, plus grand, en vient à représenter le tronc ; celui du haut, plus petit, représentant la tête. Le têtard devient une patère à laquelle on suspend les appendices : aux bras poussent des doigts ; les jambes engendrent des pieds ; les visages s'ornent bientôt d'oreilles, yeux, bouche, dents, sourcils, lobes d'oreilles, cheveux et même de taches de rousseur.
>
> H. Gardner, *Gribouillages et dessins d'enfants. Leur signification*, 1980, p. 81.

Avant l'âge de 3 ans, nous considérons que le schéma humain n'est pas encore identifiable dans le *gribouillis* de l'enfant. Ce n'est qu'à partir de 3 ans que l'on parlera de dessin de bonhomme, dit *bonhomme têtard*, relevant d'un schème visuel qui témoigne de l'importance de l'observation d'autrui par l'enfant. Le rond assorti de deux traits symbolisant les jambes constitue la première réalisation du bonhomme. Vers l'âge de 4-5 ans, une intention de forme à réaliser apparaît. Les yeux, la bouche, les mains, les doigts et les pieds commencent à se différencier des membres. Le cou et les épaules sont généralement toujours absents des dessins d'enfant. Wallon *et al.* (2008) évoquent la cinquième année comme l'entrée dans *l'âge du modèle*.

Vers 7 ans, l'enfant ajoute des cheveux et des vêtements à ses bonshommes, il est en capacité de représenter le personnage humain de profil. Dans un premier temps, seul le visage est de profil tandis que le reste du corps est représenté de face, puis les pieds et les bras vont aider à la représentation complète du profil. Vers l'âge de 11 ans, le volume fait son apparition dans la représentation du bonhomme et même l'ensemble semble mieux s'articuler, les dimensions sont justes. Alors le bonhomme va être de plus en plus détaillé notamment au niveau du visage où les yeux seront tracés avec l'iris, les cils, les sourcils. Le cou prend place dans l'articulation tête-tronc. L'évolution du dessin de personnage humain est souvent représentée dans des planches caractéristiques depuis les années soixante. Nous retiendrons les planches proposées par Leif et Delay (1974), Tourrette et Guidetti (1995).

2 L'image corporelle et le soi perçu

De nombreux chercheurs, et notamment les psychanalystes, se sont penchés sur la question du corps, du rapport au corps et de la construction de l'image corporelle. Lacan (1966) par exemple, reprenant la notion de stade du miroir proposée par Wallon (1941), évoque le fantasme de corps morcelé où l'enfant ne parvient pas à se vivre comme une entité unifiée. C'est par le passage du stade du miroir qu'une construction psychique de la représentation de soi va s'élaborer vers une compréhension liée et unifiée du corps propre. Dolto (1982) insiste sur le fait que la construction du schéma corporel et de l'image du corps revêt de nombreuses distinctions.

Effectivement, le schéma corporel est similaire à tous les individus tandis que l'image du corps est intime, personnelle, propre à chacun, elle est inconsciente. Une tête, un corps, des bras et des jambes font partie de l'assemblage commun du schéma corporel, alors que la perception que chacun a de son corps se construit au fil du temps, en fonction des événements relationnels et familiaux, dans l'interaction avec autrui. Aussi, dans le dessin du bonhomme, un personnage qui aurait deux têtes ou trois bras traduirait une expression de schéma corporel perturbé. En revanche, lorsqu'on demande à un enfant de se représenter graphiquement, si celui-ci met l'accent sur une partie de son corps de façon exagérée, l'on pourra penser à une image corporelle perturbée, traduisant dans le dessin un conflit psychique.

Certains dessins sont caractéristiques d'un conflit psychique chez l'enfant ou l'adolescent. Par exemple dans la schizophrénie, il n'est pas rare que le dessin du bonhomme soit morcelé, voire également mutilé. L'image qui est donnée du corps est alors celle de la dissociation identitaire.

Les troubles de l'interaction à autrui peuvent aussi avoir quelques repérages dans le dessin du bonhomme. Ainsi, les zones corporelles portant à honte ou phobie seront cachées, rétrécies. Les troubles du comportement alimentaire imprègnent fortement la représentation humaine chez l'adolescent. En effet, le bonhomme peut constituer une impossibilité représentative, le refus peut être observable lorsqu'il s'agit de dessiner l'être humain. Le dessin sera souvent à caractère paysagiste, déshumanisé où les natures mortes sont présentes, la végétation est envahissante, afin de ne pas provoquer la confrontation entre soi et l'image du corps humain.

II LES DIFFÉRENTES UTILISATIONS DU DESSIN DE BONHOMME

1 Le test du bonhomme

Dans l'examen psychologique de l'enfant ou de l'adolescent, nous utiliserons le dessin du bonhomme avec comme présupposé que l'œuvre ainsi produite est le reflet de l'élaboration psychique du Soi de l'enfant. Le dessin du bonhomme est donc chargé affectivement. Le corps ainsi dessiné est une traduction des représentations symboliques des relations du sujet avec son environnement, relationnel, affectif, social, familial, etc. Non seulement, par son bonhomme, l'enfant traduit sa perception de son corps propre et de son identité physique, mais aussi, il nous indique sa représentation de sa place dans le monde. Le dessin du bonhomme peut alors être compris comme une épreuve graphique à caractère projectif.

> *Le dessin du bonhomme : lieu de la projection de soi*

Trois éléments du schéma corporel sont traditionnellement considérés dans l'interprétation clinique du dessin de bonhomme. La tête, le corps et les vêtements feront donc l'objet d'une attention toute particulière. Ces trois éléments trouvent des correspondances symboliques permettant de mieux cerner l'implication subjective de l'enfant à différentes appartenances. *La tête* serait alors associée à la notion d'identité personnelle, à la perception intime de soi. La tête est à la fois le lieu du sentiment d'identité dans lequel il est possible de se représenter rigoureusement ou, au contraire, de « s'oublier » afin de ne pas s'y reconnaître. Il semble dans ce cas que c'est tout le processus d'appropriation de son corps qui soit mis en évidence. D'un autre côté, la tête symbolise encore le lieu de l'échange avec autrui, la possibilité de dire sur soi, de communiquer. La présence autant que l'absence de certaines parties du visage nous permettront de compléter l'évaluation psychologique de l'enfant ou de l'adolescent.

Il conviendra évidemment de rester prudent dans tout oubli de la part d'un enfant. En effet, d'une part, le contexte peut parfois amener l'enfant à oublier certains aspects du bonhomme tel que le temps trop court de réalisation de l'œuvre par exemple, d'autre part, l'âge de l'enfant est à considérer. Le nez ou la bouche du bonhomme peut être oublié par l'enfant de 4-5 ans sans que cela traduise l'existence d'une culpabilité ou d'un secret empêchant de parler. L'interprétation clinique diffère considérablement qu'il s'agisse d'un enfant de 5 ans ou d'un enfant de 8 ans. Chez le grand enfant ou l'adolescent ayant acquis le schéma corporel, l'absence d'oreille ou de bouche dans le visage du bonhomme, l'exagération ou l'hypertrophie d'un organe seront à investiguer au cours de l'entretien.

Le corps ferait référence à l'espèce humaine dans son caractère universel. Il sera donc intéressant d'observer les enfants qui sont dans l'incapacité de représenter l'être humain et préfèrent en quelque sorte l'animaliser. « L'analyse du dessin peut aider à évaluer le stade de maturation de l'enfant par rapport à sa découverte des structures corporelles » (Navarro, 2003, p. 15). Dans le cas de certaines maladies affectant le corps, le dessin du bonhomme peut être d'une grande aide pour l'enfant dans la compréhension de ses difficultés et dans l'acceptation de sa différence aux autres.

Encore une fois, l'âge de l'enfant est à prendre en compte. Effectivement, on note dans environ cinquante pour cent des dessins de bonhomme chez les enfants de 4 ans l'oubli d'un ou des bras. Lorsque à l'âge de 6 ans, les bras sont oubliés, une attention particulière sera portée à cette omission. Il en va de même pour le nombre de doigts de la main du bonhomme, qui peuvent être en trop ou en moins. Avant 6-7 ans, cela correspond le plus souvent aux capacités de dénombrement des enfants au-delà de cet âge et sans difficulté avérée, le clinicien tâchera de saisir l'impossibilité pour l'enfant de compter jusqu'à cinq ou, à l'inverse, le fait de transformer les mains en « têtes chevelues » ou en soleils rayonnants.

Le vêtement est un indicateur quant aux rapports sociaux. Tout d'abord montrant une appartenance de genre, le vêtement devient également la traduction fantasmée des désirs d'affiliation de l'enfant : la princesse, le pompier, le super-héros, la sorcière ou le monstre, etc.

> Le vêtement semble conçu d'abord comme une sorte de peau collée au corps ; faisant, dirait-on, partie de celui-ci, ce qui se traduit, dans le dessin, par le coloriage du cou, des mains et des pieds de la même couleur que le vêtement, ou encore par des manches de couleur différente de celle du corsage (sans que l'on puisse distinguer la volonté de représenter un vêtement particulier tel que le gilet, par exemple).
>
> J. Royer, *Dessin du bonhomme : la personnalité de l'enfant dans tous ses états*, 2011, p. 105.

La vêture possède plusieurs fonctions. D'une part, elle est protectrice en ce sens qu'elle évite les agressions climatiques, qu'elle atténue les coups, les chocs, et qu'elle permet de cacher les objets de honte ou de complexe. D'autre part, le vêtement permet de distinguer les genres, les classes sociales ou l'attirance pour certaines qualités (sportif, guerrier, féerique, etc. ; Baldy, 2010). En bref, le vêtement établit le groupe d'appartenance auquel l'enfant se réfère.

> Le dessin traduit, tout comme le vêtement dans la vie quotidienne, le rapport narcissique au monde. L'habillement, en tant qu'outil de renforcement de la séduction, permet d'améliorer artificiellement certains aspects du regard de l'autre. Il masque, met en valeur, transforme, augmente ou réduit les signaux de séduction.
>
> A. Navarro, *Le Dessin du bonhomme chez l'enfant*, 2003, p. 17.

Le dessin de bonhomme est l'expression de soi dans un rapport complexe entre soi-même, le regard d'autrui et la relation avec lui. Le personnage représenté par l'enfant ou l'adolescent est en quelque sorte un instantané de la réflexion sur soi et de la construction de soi différent et semblable aux autres êtres humains. La mise en relation avec d'autres représentations humaines favorise la compréhension du positionnement socio-affectif de l'enfant traduisant les niveaux d'estime de soi, d'affirmation de soi, d'engagement de soi dans la société ou encore d'agressivité vis-à-vis de soi et du monde environnant.

Mais le dessin du bonhomme dans son caractère projectif présente également un intérêt certain pour faciliter l'expression de l'état de santé psychique et physique de l'enfant. Il est évocateur de souffrance mentale ou physiologique avec par exemple des dessins où l'être humain est écorché, voire dans certaines créations tiraillé entre deux états d'existence ou encore lorsque le corps est représenté blessé, amputé voire bleui ou saignant. Si le dessin de bonhomme favorise l'émergence d'une hypothèse clinique dans des situations difficiles pour un enfant, il peut aussi être tout simplement l'expression d'un soi rempli d'espoirs, de rêves, de marques de bonheur et de joie de vivre. Puisque dessiner est une activité traditionnelle de l'enfance, toutes les émotions, toutes les sensations y sont exprimées, des plus douloureuses aux plus heureuses. Le dessin du bonhomme peut aussi être utilisé dans le cadre de l'examen psychologique afin d'évaluer un niveau de maturité de l'enfant.

> *Le test du bonhomme selon Goodenough*

Le test du bonhomme proposé initialement par Goodenough en 1926, puis révisé par Harris en 1963, fait partie des tests d'intelligence dans la mesure où il est accompagné d'une échelle d'évaluation permettant de quantifier un quotient intellectuel.

> Il est très intéressant de voir comment l'enfant représente le personnage humain. On sait que le dessin du bonhomme de Goodenough a fait l'objet d'une cotation en points étalonnée permettant l'obtention d'un âge mental. Cela reprend le fait bien

connu que la représentation du personnage humain se modifie et s'enrichit au cours du développement.

R. Debray, *L'Examen psychologique de l'enfant à la période de latence (6-12 ans)*, 2000, p. 25-26.

Goodenough a commencé son investigation dès les années vingt en recueillant des dessins de bonhomme auprès d'élèves allant de la maternelle jusqu'au niveau élémentaire. Goodenough a élaboré une échelle constituée de plusieurs items dans lesquels figurent les différents éléments du bonhomme (tête, bras, jambes, yeux, oreilles, vêtements, profil, face, etc.). Un pourcentage de réussite correspondant aux items de l'échelle était calculé et réparti selon le niveau scolaire des enfants, âgés de 4 à 10 ans, pouvant être en avance, à un niveau normal ou en retard scolaire. Une première partie de l'étude a consisté à catégoriser élément par élément selon l'âge des enfants afin d'obtenir un pourcentage de présence des éléments du bonhomme dans les dessins d'enfants. L'étalonnage a finalement été réalisé à partir de l'observation de 3 593 dessins de bonshommes effectués par des enfants du New Jersey de niveau social plutôt supérieur.

Goodenough (1926) considère que « l'élément intellectuel est le facteur prédominant dans la détermination du résultat » (page 62). Elle a commencé la mise au point de son épreuve avec l'idée que, « chez le jeune enfant, une relation étroite est apparente entre le développement mental révélé par ses dessins et son intelligence » (page 9).

R. Baldy, *Dessine-moi un bonhomme. Dessins d'enfants et développement cognitif*, *op. cit.*, p. 85-86.

De nombreuses corrélations ont été calculées afin de vérifier la validité et la fiabilité du test du bonhomme de Goodenough. Les coefficients de corrélation oscillent entre .76 et .74 par rapport aux niveaux scolaires et aux quotients intellectuels obtenus. Goodenough a donc proposé en 1926 son test du bonhomme permettant par addition d'éléments présents d'obtenir un score traduit par la suite, en fonction de l'âge, sur une grille d'étalonnage, en niveau de développement intellectuel. L'échelle obtenue totalise 51 items allant de la « tête présente » à la « silhouette », en passant par les « cheveux bien placés », la « coordination du contour général », la « présence de la pupille », etc. À l'aide de feuilles de conversion score/âge, il est possible de donner pour chaque bonhomme dessiné un niveau de maturité du dessinateur. L'administration de ce test présente l'intérêt d'être simple et de pouvoir se réaliser dans un contexte collectif ou individuel.

De nombreuses critiques ont été émises quant au test du bonhomme de Goodenough. L'appréciation de la réalisation de l'enfant se fait grâce à des critères d'application, de netteté, de propreté, et les références servant à la définition de la qualité du personnage ainsi représenté correspondent aux normes socioculturelles occidentales. On présuppose qu'un haut niveau intellectuel est associé à un bonhomme sophistiqué dans le détail et tout élément absent oriente l'analyse vers une moins bonne qualité de réalisation. Or, il apparaît dans les pathologies que l'accumulation excessive de détails constitue une indication diagnostique de difficulté.

C'est en 1963 que Harris propose une formule révisée du test du bonhomme de Goodenough. En effet, il modifie d'une part la consigne où le bonhomme sera observé en fonction de son sexe d'appartenance et il augmente, d'autre part, le nombre d'items observés, soit 78, en précisant les définitions accordées pour chaque item. Bien que par la suite d'autres révisions du test du bonhomme aient eu lieu, par exemple Royer en 1977 où la méticulosité n'est plus autant appréciée, la cotation reste néanmoins toujours additionnelle, fournissant un score d'éléments dessinés dans le personnage humain. Il semble que l'aspect affectif ne soit pas considéré à son juste niveau dans le test du bonhomme. Il est en fait possible de faire une double évaluation d'un tel test, à l'instar de ce que Machover a développé en 1949 : il est préférable en effet de fournir à la fois une analyse qualitative du bonhomme dessiné et aussi une analyse quantitative nous donnant une évaluation d'un niveau de maturité de l'enfant. Machover (1949) a d'ailleurs intégré à sa consigne un second dessin de bonhomme où les deux dessins doivent représenter deux êtres humains de sexe différent.

Afin de rendre compte de la complexité de l'évolution humaine à travers le dessin du bonhomme, Royer (2011) a élaboré une Échelle de maturité graphique, comprenant 70 items, répartis selon la tête, le schéma corporel et les vêtements du bonhomme. Cette nouvelle échelle inspirée du test de Goodenough prend en compte l'espace affectif du dessin, avec notamment l'évaluation de la couleur.

Enfin, l'utilisation de ce test du bonhomme, qu'il s'agisse d'une forme révisée ou non, ne peut être applicable à un enfant de plus de 12 ans, aucune grille d'étalonnage n'étant existante. Ce test peut évidemment toujours être utilisé, et notamment dans l'examen psychologique de l'enfant, mais il nous semble important d'en faire à la fois une lecture quantitative qui sera accompagnée d'autres tests, et également une lecture qualitative où le domaine socio-affectif de l'enfant sera examiné.

2 Le dépistage de troubles neurovisuels

Nous avons choisi d'évoquer ici les épreuves de copie et notamment la figure de Rey, dans la mesure où lorsqu'on regarde cette figure géométrique complexe, il est très difficile d'y voir de l'humain. Les réactions lorsqu'on montre à l'enfant ou à l'adolescent une image déshumanisée nous paraissent essentielles dans la compréhension que l'on peut avoir du sujet face au vide d'humanité. « L'épreuve nous montre les difficultés ressenties par l'enfant face à l'abstraction et sa manière de la gérer » (Wallon et Mesmin, 2002, p. 12). De plus, cette figure sera d'une grande aide pour déceler au cours de l'examen psychologique d'éventuels troubles neurovisuels. Rey a proposé dès 1942 une figure aux composantes géométriques qu'il a lui-même qualifiée de complexe ; nous pourrions y ajouter la notion d'étrangeté à laquelle elle renvoie. Cette figure est faite de traits qui, assemblés les uns aux autres, revêtent une valeur symbolique.

> La tâche ne répond à rien de connu. La Figure Complexe de Rey (FCR) a été construite dans ce but. Elle ne représente ni de près ni de loin un objet connu. Le principe même de l'épreuve dans ces deux temps de copie et de mémoire est l'étonnement. Le sujet ne doit jamais avoir rencontré précédemment la figure,

> elle est nouvelle pour lui. Rien ne doit laisser prévoir qu'il devra la reproduire de mémoire dans un second temps. L'effet de surprise est à la base de ce test.
>
> P. Wallon et C. Mesmin, *La Figure de Rey. Une approche de la complexité*, 2002, p. 11.

La figure de Rey peut être comprise comme une épreuve graphique de copie à valeur projective. Il est ainsi possible de distinguer plusieurs fonctions dans cette figure complexe. Le principe de symétrie-asymétrie est un élément fondateur de cette image, qui renvoie directement le sujet à son propre corps possédant également des zones symétriques et des zones asymétriques. La figure de Rey, après une première étape déstabilisante faisant expérimenter à l'enfant ou à l'adolescent le vide humain, renvoie dans un second temps aux différents aspects physiques du sujet, qui peuvent présenter des incohérences autant que des complémentarités.

Finalement, la figure de Rey force l'individu à dévoiler son mode d'affirmation dans le monde environnant, elle le force à trouver des correspondances dans le monde réel. L'enfant a d'ailleurs tendance très rapidement à resituer la figure dans un contexte du su et de la connaissance. Mais la figure de Rey possède également cette capacité de symbolisation du dedans et du dehors, de l'interne et de l'externe. Étant délimitées, les formes géométriques qui s'entremêlent dans la figure de Rey renvoient à la notion de contenant et de contenu, au corps du sujet, au moi-peau décrit par Anzieu (1985).

Traditionnellement, le test de la figure de Rey dans l'examen psychologique de l'enfant ou de l'adolescent présente l'avantage d'évaluer le mode de fonctionnement mnésique du sujet. Certaines distorsions de l'image seront révélatrices d'une mauvaise concordance entre les niveaux perceptif, d'encodage mémoriel et de restitution de l'information. Lors d'une atteinte cérébrale, le degré de troubles neurovisuels sera évalué notamment par cette figure.

> On demande au sujet dans un premier temps de reproduire la Figure Complexe. La réalisation se fait avec des crayons de couleur (on ne doit pas utiliser de feutres) que l'on change pour faire

apparaître la procédure de construction utilisée par l'enfant. Puis après avoir fait disparaître le modèle et attendu un temps de latence d'environ trois minutes, on lui demande de dessiner ce qui lui reste en mémoire de cette figure géométrique abstraite.

R. Debray, *L'Examen psychologique de l'enfant à la période de latence (6-12 ans)*, *op. cit.*, p. 24.

Cependant, lorsqu'on fait une analyse clinique qualitative de ce dessin copié puis reproduit, et lorsqu'on en garde essentiellement l'aspect projectif, l'on peut découvrir, notamment dans les zones de « remplissage », l'importance pour l'enfant de l'enveloppe psychique dans laquelle il se construit. Généralement, cette épreuve est utilisée à partir de l'âge de huit ans. En effet, une utilisation avant cet âge serait uniquement complémentaire à une observation relative aux capacités d'adaptation de l'enfant. Les réactions face au vide dans la tentative d'énonciation de ressemblances au connu constituent alors l'essentiel de cette épreuve graphique.

III LE CORPS AMPUTÉ ET LE DESSIN DU BONHOMME

Le corps amputé, c'est un corps qui a subi une blessure, blessure physique comme dans la maladie telle que l'annonce d'un cancer, blessure physique apprise au fil du développement telle qu'une maladie génétique, blessure psychique dans une pathologie psychotique par exemple, blessure affective à la suite de carences précoces. Le corps amputé et blessé de l'enfant ou de l'adolescent sera retranscrit à travers ses dessins de bonhomme. Le bonhomme peut alors être l'idéal à atteindre ou l'objet de souffrance de l'être.

1 Le dessin du bonhomme en situation de cancer chez l'enfant ou l'adolescent

La situation de cancer chez un individu provoque une altération de l'image du corps. Celle-ci perd de sa fonction de protection, de stabilisation et donc d'adaptation. L'image du corps fait partie intégrante de notre identité qui est avec la maladie remise en question. Les dessins de bonhomme peuvent être chez l'enfant situés soit dans un déni de la maladie et de l'organe défaillant, soit dans une mise en scène monstrueuse de la maladie venant aliéner l'ensemble de l'être. Les dessins traduisent le plus souvent l'anxiété relative au corps opéré, modifié par la chimiothérapie ou amputé, déstructuré par sa vulnérabilité. L'estime de soi de l'enfant ainsi malade est généralement faible et le dessin du bonhomme nous montre cette désunion entre l'être humain et le monde des vivants. L'angoisse de mort est présente. Souvent les bonshommes malades sont plus petits que les autres dans la production graphique. Les scènes de bataille, de lutte, les bonshommes guerriers, combattants témoignent de l'ajustement psychique dans lequel l'enfant se situe.

Des observations en milieu hospitalier auprès d'enfants et d'adolescents ont montré que le dessin du bonhomme pouvait être utilisé afin de renforcer les capacités défensives des enfants. Il semble que proposer une consigne à la création graphique telle que « des guerriers, des gens qui luttent, des soldats qui défendent leur pays » puisse permettre à l'enfant une identification projective symbolisant son propre combat contre la maladie.

2 Le handicap moteur

Le handicap moteur, lorsqu'il est de naissance, correspond à un apprentissage au fil du temps des impossibilités motrices gestuelles. L'enfant se construit en référence avec ses propres limites physiques qu'il découvre peu à peu. L'utilisation du dessin dans le cadre de l'examen psychologique dans une situation de handicap moteur va être, dans sa valeur projective, un indicateur du retentissement du handicap de l'individu. Selon le type de handicap, l'on verra des difficultés motrices dans le maniement du crayon. Il n'en demeure pas moins que toute activité créatrice d'expression de soi doit être développée pour aider l'enfant à vivre avec son handicap.

Ainsi, si le dessin semble impossible (ce qui à notre avis n'est pas vrai), il reste toujours au minimum un sens permettant à l'enfant ou à l'adolescent de laisser une trace de lui dans le monde des humains. De plus, si la parole existe, si la communication existe, alors le dessin est faisable. Non seulement il est possible autrement qu'en ayant recours aux mains (la bouche, les pieds peuvent assumer cette fonction dessinatrice), mais il est également possible d'« être les mains » de l'enfant ou de l'adolescent qui ne peut en faire l'usage. Enfin, si l'on considère le dessin comme l'expression du rêve et de l'imaginaire, l'on peut également travailler dans une optique de rêve éveillé dirigé, où le sujet nous décrit le dessin mental qu'il est en train de produire.

3 Le traumatisme crânien

Le traumatisme crânien dans sa forme grave, entraînant par exemple une lésion cérébrale, chez l'enfant accidenté, provoque une modification totale de la perception de soi et du monde environnant. Le sujet ne se ressent plus dans son corps comme avant la lésion et pourtant conserve des bribes de ressentis sur la perception de soi. De grandes difficultés chez l'enfant ou l'adolescent traumatisé crânien vont apparaître, notamment dans la prise de conscience des incapacités nouvelles et des troubles réels.

> Les affections touchant les fonctions cérébrales ont une incidence évidente sur le dessin, qu'elles concernent l'ensemble (encéphalopathies, encéphalites, etc.) ou ne touchent qu'une fonction précise, comme le langage, la vue ou l'audition. Mais certaines affections qui n'atteignent pas directement le cerveau ont également une incidence sur le dessin. Il a une valeur projective, il est donc un bon indicateur du retentissement de la maladie sur l'enfant.
>
> P. Wallon, « Dessin et inadaptation et/ou pathologie », in P. Wallon *et al.*, *Le Dessin de l'enfant*, *op. cit.*, p. 197.

Lorsqu'un enfant, à la suite d'un accident bien souvent, présente une lésion cérébrale, on constate que son dessin continue d'évoluer jusqu'à maturation du système cérébral. Souvent l'évolution est flagrante dans les mois qui suivent l'accident. La plupart des cérébro-lésé reviennent à l'âge qu'ils avaient au moment de l'accident. Ce qui est plus difficile à prévoir, c'est de savoir si l'évolution pourra se poursuivre au-delà de cet événement. « Les troubles du graphisme enfantin liés à une atteinte neurologique sont donc fonction de la date de l'atteinte » (Wallon, 2008, p. 198).

Il apparaît également que le traumatisme soit nié par le sujet, qui refuse de l'évoquer : la mémoire immédiate est touchée et des comportements impulsifs sont souvent visibles. C'est l'ensemble du cerveau qui a été choqué avec des retentissements innombrables sur le fonctionnement physique et psychique. L'activité graphique devient souvent difficilement réalisable car de nombreux troubles neurologiques peuvent être associés à la lésion cérébrale. Toutefois, chez les enfants ou adolescents pouvant dessiner, nous observons la plupart du temps dans le dessin du bonhomme des problèmes de contrôle du cadre du support papier, des mouvements moteurs rapides et impulsifs et au final des bonshommes disproportionnés et présentant une impression de déconstruction.

L'activité graphique, essentielle à l'expression de soi, favorisera cependant, malgré un aboutissement semblant insignifiant, la maîtrise des angoisses relatives à l'altération du schéma corporel. Le dessin devient une activité nécessaire où l'effort réadaptatif de contrôle moteur sera vecteur de reconstruction et de valorisation de soi. Le travail sur le dessin de personnage humain avec l'enfant cérébro-lésé lui offre la possibilité de reconstruction mentale de l'image corporelle ; cette reconstruction l'aidera à s'éprouver à nouveau dans un corps étranger et non reconnu par les réponses du cerveau.

4 Le dessin du bonhomme dans les désordres psychiques

> *Les traumatismes émotionnels*

Lorsqu'un enfant a subi des carences affectives précoces, lorsqu'il connaît un choc affectif tel qu'une rupture, un deuil, la perception valorisée de l'être humain peut être amoindrie. Le bonhomme dessiné deviendra objet de colère, d'agression, de vengeance proportionnelle à la souffrance ressentie. Le dessin sera dans ce cas utilisé comme un exutoire à valeur de décharge de l'agressivité perçue. L'activité graphique est alors à considérer à la fois comme libératrice des émotions, mais aussi comme unique moyen d'expression du traumatisme subi, la parole face à l'affect ne pouvant s'exprimer.

> *Le retard mental et le dessin de bonhomme*

La première notion observable concerne la difficulté à répondre à une consigne et à mettre en œuvre les moyens nécessaires à la réalisation d'une épreuve graphique précise. Le dessin présentera quelques caractéristiques telles que des stéréotypies où certains éléments seront reproduits plusieurs fois, des détails de très petite taille seront souvent présents, des réactions pulsionnelles en relation avec l'action dessinatrice peuvent également s'observer. Le dessin peut parfois être colorié, griffonné, noirci jusqu'à l'extrême, le moment où le support cède, se déchire. L'activité graphique en général va permettre au cours de l'examen psychologique de conforter un diagnostic de retard cognitif, notamment par l'utilisation du test du bonhomme, mais elle peut avoir à plus long terme une visée d'ordre thérapeutique ou d'accompagnement psychologique, dans un apprentissage de la maîtrise graphomotrice, la concentration sur une épreuve laissant une trace de soi.

> *La place du dessin dans les troubles psychopathologiques*

Parmi les différentes formes névrotiques chez l'enfant ou l'adolescent, quelques spécificités sont remarquables dans le dessin. Le trait apparaît le plus souvent peu épais, peu appuyé, voire flou ou en pointillés. Une forte inhibition se dégage du dessin, et notamment lorsqu'il s'agit d'un bonhomme aux caractéristiques de petitesse, de faiblesse et de vulnérabilité, figé dans un coin de feuille, isolé dans son anxiété. Certains personnages humains peuvent présenter des amputations dans le sens où l'être ne mérite pas d'être représenté dans son entier. L'angoisse constitue un élément motivant de l'activité graphique même si parfois le dessin favorise l'expression de l'agressivité latente de l'enfant ou l'adolescent névrotique. Les ratures, les éléments barrés dans le dessin donnant l'impression que le dessinateur s'est trompé dans sa réalisation sont opulents. Le caractère minutieux à l'excès dans la représentation du bonhomme peut traduire l'aspect obsessionnel de la névrose.

L'enfant ou l'adolescent psychotique arbore en premier lieu une rupture caractéristique d'avec la réalité et le monde environnant. Toute réalisation reposera sur cet aspect coupé, décalé du monde réel. Le bonhomme dessiné est alors démantibulé, multiple, déshumanisé, fantastique, etc. L'être humain peut être composé d'objets disparates ne présentant pas de caractère logique. L'espace du support ainsi que les proportions, les dimensions, les couleurs sont utilisés de façon aberrante. Le dessin devient la mise en scène de l'hallucination.

> Parfois, la psychose déstructure une personnalité apparemment bien formée. Dans ce cas, Aubin décrit plusieurs types de dessins. C'est soit un « type lilliputien » : microbonhomme (2-3 cm) perdu dans la feuille, sans détails de la face ni mains, et l'enfant dit qu'il veut redevenir bébé. Parfois ce dessin est reproduit en grande série (bourrage). (...) Machover parle de dissolution du moi dans le monde extérieur. Parfois le personnage est remplacé par une main, un doigt, un œil ou une mèche de cheveux, ou quelques éléments épars, une sorte de pantin désarticulé. Chez l'enfant psychotique les défenses peuvent s'exprimer par un géométrisme : le dessin est angulaire, parfois rond. On note un double contour.
>
> P. Wallon, « Dessin et inadaptation et/ou pathologie », in P. Wallon *et al.*, *Le Dessin de l'enfant*, *op. cit.*, p. 208 à 210.

Les tendances paranoïdes vont se révéler dans le refus par l'enfant ou l'adolescent de dessiner un bonhomme. La destruction du dessin non encore abouti est également fréquemment observable. La création peut elle-même devenir source de réaction agressive où les éléments dessinés prendront valeur de persécution. Sur une base déréelle, la production graphique s'anime, prend vie et devient oppressante à un tel point que la seule solution en est sa négation. Si le corps ou l'esprit est « amputé », le dessin du bonhomme en subit les retentissements. Lorsque c'est l'environnement social et relationnel qui est source de difficultés psychiques, le dessin de la maison peut être à la fois révélateur de ces difficultés, mais aussi fortement orienté par la perception sociale qu'en a l'enfant ou l'adolescent.

CHAPITRE 3

Le dessin de la maison

I LA VALEUR PROJECTIVE DE LA MAISON

1 La symbolique de la maison

La maison permet généralement d'identifier son habitant. Elle fournit une image de celui qui l'investit et favorise le bien-être et la protection en garantissant une solidité face aux agressions du monde extérieur. Elle témoigne de la façon de vivre d'une société ainsi que de l'agencement relationnel entre les générations.

> Individuelle parce que selon Bachelard (1957) elle correspond à la topographie de l'être intime avec ses étages, sa cave et son grenier. Ma cave correspond à l'inconscient, le grenier à l'imagination, à la spiritualité. Individuelle aussi parce qu'elle porte en elle ses valeurs d'abri, de refuge, de protection, en un mot, de sein maternel.
>
> K. C. Nguyên, *La Personnalité et l'épreuve de dessins multiples, maison, arbre, deux personnes*, 1989, p. 77-78.

Très souvent décrite avec des terminologies anthropomorphiques, la maison est le fondement de l'humain par son ossature qui lui permet de tenir debout. « La maison est, tout entière, en quelque sorte la "pierre angulaire" de la personnalité » (Royer, 2001, p. 9). Construite de la main de l'Homme, elle est finalement ce qui constitue sa carapace. Pour Houzel (1988, p. 39), l'habitat constitue un feuillet de l'enveloppe psychique. Sans habitat, sans lieu déterminé, c'est l'errance qui occupe alors l'espace psychique. L'habitat est le réceptacle de ce que chaque être humain y mettra. La maison est habitée, décorée, aménagée, parfois hantée par les personnalités qui y vivent. C'est le lieu où l'expérience de la propriété et du partage se développe. Certaines portes dans la maison peuvent rester closes, attirant chez l'enfant le regard indiscret. Certaines pièces de la maison sont réservées au calme, au défoulement, aux repas familiaux, à la propreté et à l'intimité. Les caves sont souvent génératrices de stress car non seulement il faut y descendre pour y accéder, mais elles sont sombres et humides ; les greniers restent des lieux de découverte dans lesquels moult traces d'existences sont stockées, qui nous rapprochent de nos ancêtres par une élévation vers la lumière céleste.

> Et demander à quelqu'un de dessiner une maison, c'est indirectement lui demander de révéler son intimité, ce qu'il possède, ce qui est au plus profond de lui-même. Pour le faire en deux dimensions, le « propriétaire » ne peut que sortir de sa maison (sortir de lui-même) et se mettre à la place du spectateur, en se regardant, en quelque sorte comme dans un miroir, sur la façade de sa maison.
>
> J. Royer, *Le Dessin d'une maison. Image de l'adaptation sociale de l'enfant*, 2001, p. 10.

Finalement, la maison fonde l'être, lui donne sens dans la société et dans l'humanité, elle lui procure une assiette subjective par laquelle la filiation peut s'instaurer. Alors toute représentation de la maison sera le témoignage symbolique de l'ensemble de ces aspects, individuels et collectifs. Cependant, toutes les maisons ne sont pas représentées de façon similaire : parfois certaines créations artistiques symbolisent la maison sans que celle-ci y soit clairement identifiable. La grotte, la roulotte, les véhicules en toute sphère sont aussi des contenants dans lesquels il est possible de se loger et de faire exister sa personnalité. Finalement, le dessin de la maison chez l'enfant ou l'adolescent lui permet de s'essayer dans des identités multiples, reflets de l'endroit où il se sentira le mieux, protégé et respecté dans son intimité.

2 La localisation spatiale de soi dans le dessin de la maison

L'enfant dessine une structure qu'il a dans la tête dans sa mémoire corporelle interne ce qui explique que les enfants, habitant des immeubles ou ceux de l'Afrique, dessinent toujours

> dans un premier temps un même schéma, la même structure. On pourrait entendre le mot structure de diverses manières, nous n'en prendrons qu'une : celle de schéma corporel.
>
> M. Soulé, « La maison et le corps », in D. Anzieu *et al.*, *L'Enfant et sa maison*, 1988, p. 53.

La maison est un espace de projection de soi où le corps et le Moi se côtoient. De plus, chaque pièce constituant la maison est un lieu de fantasmatisation et de projection pulsionnelle. Soulé (1988, p. 56) décrit l'espace et la zone érogène qui lui est associée comme par exemple, la cuisine et l'oralité, la nourriture ; les toilettes et l'analité, espace de défécation ; la chambre parentale et la sexualité ; les chambres d'enfant et l'espace pulsionnel. Il est donc possible d'expérimenter dans la maison les différents stades de la construction psychique qui échafaudent notre sentiment d'identité personnelle. Alors, « la maison, c'est le lieu où l'on peut se retirer de tout pour sentir battre son cœur » (Royer, 2001, p. 14). La maison se consolide au fil des années, de dénudée, elle devient plus sophistiquée avec les différentes expériences de vie.

Nous acceptons d'ordinaire la valeur anthropomorphique des premières maisons d'enfant dans lesquelles, les fenêtres font office d'yeux, la porte de nez, le chemin de bouche et le toit triangulaire de couvre-chef. Ces maisons, nommées « pré-maisons » par Stern (1966), constituent des représentations symboliques où corps et visage sont repérables. Les murs de la maison sont le miroir de la perception qu'a l'enfant de pouvoir trouver refuge en lui-même, de pouvoir se blottir dans son espace psychique, d'éprouver la nidation relationnelle et affective en son sein. À partir de ces formes basiques, l'enfant se structure et structure sa pensée en une formulation plus complexe qui lui permettra de sentir, de ressentir et d'exprimer qui il est intimement.

II L'ÉVOLUTION DU DESSIN DE LA MAISON

1 Quelques caractéristiques générales

Dolto (1982) a fait une description détaillée de l'évolution du dessin de la maison chez l'enfant par rapport aux formes graphiques utilisées. L'habitation est dans un premier temps une maison aux contours arrondis, elle est appelée *maison-meule* par sa forme rappelant les meules de foin d'antan. Ses composantes sont relativement rudimentaires : elle ne possède qu'une petite porte vers la base de la meule et qu'une fenêtre hublot, arrondie, directement au-dessus de la porte. Il ne s'agit pas encore à ce niveau de la prémaison aux caractéristiques anthropomorphiques décrite par Stern (1973).

La forme basique de la maison se scinde alors en deux parties, d'une composante unique, la maison prend corps et charpente. Le bâtiment est souvent carré, tandis que le toit, triangulaire, s'élève vers le ciel. La maison-meule devient *maison-Dieu* en ce sens qu'elle correspond à la période où l'enfant s'exerce dans des attitudes autoritaires : il teste les limites éducatives parentales. Certains enfants resteront quelque temps dans cette position opposante voire provocatrice et pourront se perfectionner dans la représentation strictement triangulaire de la maison tente ou du tipi. D'autres développeront un domaine d'excellence dans la création graphique de monuments tels que les clochers, les églises ou les beffrois. La maison-Dieu correspond à la *prémaison*. Il y a dans cette phase graphique un double enjeu où l'enfant acquiert non seulement la capacité de représenter par des formes simples un objet qui sera reconnu par l'entourage adulte, mais aussi où il découvre lui-même le caractère humain de sa création.

Puis la base de la maison s'élargit, l'enfant opte pour des formes plus rectilignes, le bâtiment prend un contour rectangulaire et une toiture trapézoïdale. Il s'agit alors de la *maison sociale* correspondant davantage aux maisons traditionnelles. La maison sociale s'accompagne de toute la précision du dessin dans la réalisation des murs mais aussi de l'environnement. Ainsi, d'autres maisons sont dessinées telles que les niches des chiens par exemple. Certains dessins de maisons fourniront au clinicien de précieux éléments quant au niveau défensif de l'enfant. Nous pouvons observer des variantes de la maison sociale par l'intermédiaire des châteaux forts où le trapèze du toit est remplacé par des créneaux dentelés, assortis de miradors inspirés de la maison-Dieu. L'image corporelle semble être objet de défense où le pont-levis ne peut être abaissé que par la volonté du propriétaire de la forteresse, elle-même protégée par un ravin marécageux infesté de dragons et autres animaux féroces. Seuls pourront accéder au sujet ceux qui prendront d'assaut la muraille et livreront bataille au seigneur qui y règne en maître.

2 L'évolution en fonction des âges

Le dessin de la maison connaît une évolution en fonction de l'âge, mais il est également possible d'identifier des périodes de l'existence plus ou moins marquantes pour l'enfant.

> *La période fœtale*

Il est bien évident que les enfants ne laissent pas de traces graphiques d'eux-mêmes à cette période. En revanche, au cours de l'examen psychologique avec l'enfant ou l'adolescent, lors du dessin de la maison, nous pouvons repérer des tracés rappelant l'importance de cette période. Le dessin de la maison renvoie le sujet à son ressenti intime sur lui ainsi qu'à ses relations aux autres. Lorsqu'un enfant éprouve ce besoin de se réfugier dans un cocon protecteur où aucune atteinte de l'extérieur ne pourrait avoir lieu, il va alors dessiner des maisons aux caractéristiques rudimentaires dans lesquelles le silence et l'isolement règnent.

Ces maisons aux formes arrondies, englobantes et maladroites témoignent d'une stratégie de fuite-évitement traduisant la régression. La production graphique donne l'impression de non-achèvement, de flou. L'enfant ou l'adolescent peut commenter la maison dessinée en déclarant : « ma maison, c'est de l'air », « elle s'envole, elle s'évapore », ou encore « c'est un trou profond où l'on peut se reposer » ,etc. De telles représentations nous alerteront vers des tendances dépressives et d'éventuels passages à l'acte qu'il conviendra alors de compléter par des outils cliniques appropriés.

> *Le stade oral*

Nous nous plaçons dans le cas d'un dessin de maison faisant référence au stade de l'oralité, traditionnellement repéré entre 0 et un an. Ce stade correspond chez le nourrisson à l'orientation vers le plaisir de la découverte ou, à l'opposé, au refuge dans une forme d'isolement, de coupure avec le monde. Le dessin de la maison traduisant ces tendances s'exprimera respectivement soit par de très grandes maisons envahissant l'ensemble de la feuille dans lesquelles le plaisir de la découverte et de l'éveil aux sens sera recherché, soit dans un refus de prise de contact avec le monde extérieur, auquel cas la maison sera souvent petite, minuscule, perdue dans une feuille angoissante par le vide qu'elle présente.

Le stade oral, c'est également, dans ce plaisir de découvrir, le plaisir de l'allaitement maternel, où la maison semble nichée sur des arrondis qui ressemblent facilement aux seins de la mère. On pourra encore trouver de nombreuses références à la nourriture avec des arbres fruitiers autour de la maison, un gâteau fumant sur le rebord d'une fenêtre... Chez les adolescents présentant des troubles du comportement alimentaire, le dessin de la maison fait la plupart du temps référence au stade oral. On peut, par exemple, y voir des maisons sans orifice, qui ne permettent ainsi ni d'avaler, ni de régurgiter. Dans ce cas, la maison apparaît dans un vide existentiel flagrant, coupée du monde et de toute relation, semblant se débattre dans une immensité déserte. À l'inverse, la maison peut être engloutie dans une profusion boulimique de couleurs, d'éléments variés et abondants. Le remplissage alors représenté est souvent inadéquat et traduit les difficultés dans la réalité à établir une communication authentique avec le monde social.

Le stade oral est remarquable par la facture bâclée de la production graphique, la graphomotricité apparaît comme empêchée et non fine. L'enfant ou l'adolescent dessinant une maison caractéristique de cette période psychique fait généralement référence aux difficultés relationnelles et affectives éprouvées durant cette phase.

> *Le stade anal*

Si l'on considère le stade anal comme celui de *l'expérience de la propreté*, nous pouvons y voir deux tendances globales se traduisant dans le dessin de la maison. Avant d'apprendre à maîtriser ses sphincters, l'enfant éprouve en première instance le *plaisir de la défécation.* Ce plaisir encoprétique trouve des correspondances dans un dessin de maison sali, à caractéristique essentiellement sensorielle. Les traits sont épais, dégoulinants. Le sujet réalisant une maison témoignant du stade anal a souvent les mains sales et noircies à la fin de sa production. On observe une culpabilité grandissante avec l'âge de l'enfant qui le réalise. Les jointures de portes et de fenêtres sont généralement noircies, voire obturées, traduisant un sentiment d'angoisse présent face à cette montée pulsionnelle, envahissant le champ de la pensée et pouvant à tout moment déborder en un flot agressif. Tout comme la fumée de cheminée, le chemin de la maison peut également être tortueux. Il représente symboliquement le parcours intestinal des excréments. Les couleurs sont également remarquables lors de cette phase du stade anal à tendance noire et brunâtre.

Mais l'aboutissement du stade anal, c'est aussi l'apprentissage de la propreté, la maîtrise des sphincters et la *valorisation de la rétention.* Lorsqu'un adolescent témoigne de cette phase du stade anal dans un dessin de maison, l'examen psychologique s'orientera vers une possible *névrose obsessionnelle.* La maison ainsi produite est d'aspect strict, la froideur est générale. L'enfant se reprend pour tracer une maison très rectangulaire où aucune fausse note ne doit apparaître, bien souvent il demandera à effacer ce qu'il vient de produire pour s'y reprendre à plusieurs reprises afin d'aboutir à un ensemble figé, semblant parfait.

> *Le stade phallique*

Un dessin de maison traduisant le stade phallique correspond à une production où « l'agressivité couve sous des comportements passifs et puérils » (Royer, 2001, p. 322). Alors les éléments à symbolique phallique sont nombreux tels que les cheminées, fortement détaillées, les tuyaux, les piquets, les fontaines ou les jets d'eau. L'examen de l'enfant reprendra les différents éléments de la période allant de 18 mois à 3 ans, pendant lesquels la structuration psychique a pu se voir perturbée par un événement ou des relations affectives particulières.

Mais parallèlement au stade phallique, certains dessins de maison peuvent faire référence à ce que Royer (2001, p. 322) a nommé le *stade locomoteur*, caractéristique de l'apprentissage de la marche. On retrouve un rappel à cette étape de développement notamment chez les enfants présentant un handicap moteur et n'ayant pas acquis la marche. Dans un tel cas, l'harmonie globale du dessin semble rigide, l'espace et les perspectives sont faussés, le mouvement est peu évoqué, tout déplacement permettant le contact à l'autre semble absent de la maison.

> *L'œdipe*

La période œdipienne est celle de l'excellence de la maison. Après les premiers traits, puis les premiers bonshommes, la maison se perfectionne essentiellement à cette étape de la construction psychique. Dès l'âge de 5 ans, la maison prend appui sur le bord inférieur de la feuille et voit parallèlement l'écriture d'une forme rectangulaire fermée pour en tracer les contours. Traditionnellement, l'enfant âgé de 5-7 ans traduit dans son dessin l'équilibre qu'il perçoit dans sa vie affective et familiale. La maison est généralement parfaitement sociale avec une cheminée fumante, un rectangle pour corps de bâtiment, un triangle pour la toiture ainsi que des fenêtres et une porte correctement positionnées. À la bâtisse viennent s'ajouter le décor extérieur, composé d'un soleil à valeur symbolique paternelle (la maison représente le sein nourricier), quelques éléments de végétation et également des oiseaux en V. D'ordinaire, on constate davantage de fantaisie chez les filles et un dessin moins expressif chez les garçons, ce qui correspond à l'acceptation sociale de la gestion des émotions.

> *La période de latence*

La période de latence est le moment de la représentation réaliste. Alors les détails, les structures, les éléments du dessin de maison seront le résultat de l'observation de l'enfant, qui ne dessinera plus une maison, mais bien souvent sa maison. Ce sont toutes les capacités et tous les ressentis d'intégration sociale qui sont ici traduits par la maison produite. Le dessin n'aura plus pour objectif de montrer ses fantasmes archaïques, ses rêveries ou désirs secrets. La ligne de sol devient « un bon indice de représentation adaptée à la réalité » (Nguyên, 1989, p. 80).

La maison sociale se perfectionne : vers l'âge de 10 ans, elle est souvent une maison en perspective qui prend une dimension de volume. Les éléments pouvant attirer notre attention concernent les couleurs privilégiées et les méthodes de remplissage du dessin par l'enfant.

> *L'adolescence*

La maison en perspective est désormais la plus caractéristique. Il s'agit de représenter sa maison avec le plus de réalisme possible. Une épreuve graphique telle que le dessin de maison avec un adolescent présente plusieurs intérêts. D'une part, nous pouvons y observer des éléments perceptivo-cognitifs en rapport avec sa propre maison, mais il est d'autre part possible d'y voir des mécanismes défensifs ravivés par cette période identitaire, notamment dans les phénomènes régressifs des précédents stades, ainsi que le positionnement de la maison dans un espace social ouvert ou fermé. Certains adolescents encerclent leur maison d'une barrière si close qu'il devient difficile d'y pénétrer.

3 Des maisons reflets de difficultés psychiques

> *L'influence des retards affectifs sur le dessin de la maison*

Le retard affectif se caractérise par des difficultés relationnelles pendant l'enfance entraînant des carences de soins, des ruptures ou séparations itératives d'avec le milieu familial. Dans la relation confiance-exploration de l'environnement, l'enfant n'a pas pu élaborer un modèle interne opérant fondé sur la sécurité des échanges affectifs. Lorsque l'adolescent a connu des carences affectives précoces, souvent l'élaboration de l'image corporelle de soi présente des anomalies dans le ressenti sur soi-même. L'estime de soi, l'adaptabilité, le niveau d'angoisse sont autant d'éléments pouvant émaner dans les traits du dessin.

En situation de traumatisme de la relation à l'autre dans l'enfance, les dessins de maison traduisent la réapparition des souffrances enfouies. Les tracés le plus souvent observés sont constitués d'anomalies au premier coup d'œil, des oublis dans la maison peuvent être flagrants (pas de porte d'entrée, pas d'escalier dans une maison à étage...). Certaines formes peuvent apparaître comme aberrantes en ce sens que leur présence semble totalement incongrue dans le dessin. L'ambiance chaotique du dessin symbolise l'instabilité de la relation affective vécue. Il est aussi possible d'observer des traits non appuyés, inhibés et incertains tels que la relation a pu l'être auparavant. Parmi les éléments témoignant d'un éventuel retard chez l'enfant, nous retiendrons celui du trait formant les murs de la maison lorsque la base est ouverte sans reposer sur le bord inférieur de la page (Nguyên, 1989, p. 80).

Le dessin de la maison témoigne d'une importante régression avec des zones plus ou moins bien délimitées par l'enfant ayant valeur de localisation du conflit psychique. On peut trouver les dessins suivants : fondations de la bâtisse montrant une fissure murale ou une crevasse ; murs et corps de bâtiment, rappelant les somatisations ; espaces d'ouverture vers l'extérieur empêchés, avec des obturations, ou encore toiture affaissée, trouée, ne permettant pas de devenir autonome.

> *Les désordres relatifs à la maison*

Dans certains cas, la maison peut faire référence à l'absence de continuité de l'être. Soulé (1988) déclare que « construire sa maison, c'est réparer sa mère, c'est la refaire parfois avec une obstination néfaste » (*op. cit.*, p. 56). Certains enfants referont le dessin de la maison maintes et maintes fois, toujours insatisfaits de l'objet obtenu qui ne correspond jamais ni à la réalité ni à leur idéal. Nous pensons ici aux enfants ou adolescents qui ont connu de multiples déménagements ou qui viennent tout juste de changer de lieu d'habitation. Quelques-uns exprimeront leur difficulté à s'adapter à un nouvel environnement en faisant de leur dessin un lieu d'angoisse de séparation. La maison peut devenir mortifère ou prendre valeur de tristesse et de nostalgie (la maison pleure) ou encore être hantée par de nombreux fantômes associés aux parts intimes de soi-même perdues dans le changement de maison.

III LE TEST DU DESSIN DE LA MAISON SELON ROYER

Le dessin de la maison formulé en tant que test projectif facilitant l'évaluation psychologique de l'enfant ou de l'adolescent a connu plusieurs tentatives, dont les premières sont restées soit à l'état de projet, soit n'ont pas reçu d'interprétation quantitative ou de validation statistique. Dès 1948, Minkowska oriente ses travaux sur le dessin de la maison symbole du moi et du foyer familial dans son caractère rejetant ou accueillant. Elle propose alors un test projectif où l'évocation de la maison est associée à des valeurs symboliques appréciables d'un point de vue clinique fondées sur le facteur sensoriel *versus* rationnel. La maison d'enfant à tendance sensorielle serait davantage appliquée sur la mise en scène, le monde environnant sans avoir une forme spécifique. La maison d'un enfant à tendance rationnelle serait en revanche très précise quant à sa forme, ses détails, mais sans lien avec le monde extérieur.

Il n'y a pas de cotation standardisée dans l'épreuve mise au point par Minkowska (1949). Après elle, Ribault (1965) propose un test de la maison en réalisant une échelle qui permet de calculer un score en fonction du nombre d'éléments présents. À partir d'une échelle composée de 66 items, différents éléments de la maison sont observés tels que les dimensions et proportions, le toit, le positionnement de la cheminée, sa présence ou son absence, le nombre et la forme des fenêtres et des portes ainsi que les murs composant la bâtisse dessinée.

En 1989, Royer propose un test du dessin de la maison chez l'enfant et l'adolescent fondé sur une méthode quantitative et sur une approche qualitative. Tout un cheminement mental est effectué par l'enfant ayant reçu la consigne de dessiner une maison. Il va, par anticipation, prévoir certains éléments dans son dessin associés à des images mentales provenant autant de son environnement quotidien que de son inconscient imaginaire. Sous l'effet pulsionnel, l'enfant va transposer son image sur le papier tout en faisant des allers et retours avec l'œuvre produite, qui finalement se co-construira avec les représentations et affects et la perception du geste accompli.

L'appréciation clinique du dessin ainsi réalisé se fera selon trois grands axes définis par Royer (2001, p. 54), la *valeur expressive* du dessin, l'*harmonie globale* de la production et l'*originalité* de chaque œuvre produite. Le test de la maison selon Royer présente toute une méthodologie fort pointue, dont nous n'exposerons ici que les principales caractéristiques. Il convient évidemment pour chaque épreuve graphique présentée dans le présent ouvrage de se référer à son instigateur si l'on veut en faire bon usage.

1 La méthodologie

La consigne du test est relativement simple pour l'enfant ou l'adolescent. « Tu vas dessiner sur cette feuille une maison ; tu la feras comme tu voudras, aussi bien que tu le peux. Tu peux lui donner un nom ou écrire une explication à son sujet, si tu le veux » (Royer, 2001, p. 16). Quelques questions viendront préciser les différents éléments du dessin obtenu : « 1) Explique-moi ton dessin ; 2) Aimes-tu cette maison ? Pourquoi ? ; 3) Connais-tu une maison comme celle-ci ? Où est-elle ? À qui appartient-elle ? ; 4) Qui habiterait cette maison ? Où situes-tu (les personnages cités) ? Où seraient (les représentants de la famille non cités) ? ; 5) Qu'est-ce que c'est que ceci ? (reprendre les détails insolites du dessin) » (*op. cit.*, p. 27).

Comme pour d'autres tests, il conviendra de noter le temps de résolution de la consigne, de repérer une éventuelle hésitation avant de dessiner ou encore un temps d'arrêt en cours de réalisation, qui traduisent selon Royer (2001) la possibilité d'un conflit psychique relatif au dernier objet dessiné. De plus, il sera nécessaire de noter par quel élément l'enfant commence son dessin de la maison ainsi que l'ordre des couleurs utilisées. Les critères d'observation du dessin libre peuvent être ici appliqués.

Il arrive quelquefois que le sujet refuse d'effectuer la tâche proposée. Le refus pourra être interprété de deux façons. D'une part, il peut s'agir d'une attitude opposante, voire provocatrice, à mettre en relation avec la période de construction psychique de l'enfant, d'autre part, cela peut traduire une difficulté relationnelle familiale importante. Ce refus sera évidemment noté et la consigne peut être réorientée vers une image moins impliquante pour l'enfant telle que par exemple le dessin de la maison d'un animal qu'il apprécie.

2 Le protocole d'étude du dessin de la maison

L'auteur propose un protocole en quatre parties débutant tout d'abord par *le relevé des signes présents* dans le dessin, puis par *l'interprétation symbolique*, clinique des signes relevés. Dans un troisième temps, il s'agit de *coter sur une grille* fournie dans le manuel de Royer (2001) l'ensemble des signes présents. Enfin, la dernière étape consistera à *rédiger une synthèse* de l'œuvre réalisée. Les grilles de cotation élaborées par l'auteur offrent de nombreuses qualités. En effet, à partir de comparaisons statistiques, il est possible d'évaluer les capacités de l'enfant en termes de connaissances et de graphomotricité. Par ce test, nous pouvons apprécier le niveau d'intelligence du dessinateur, toujours en fonction de scores étalonnés qui permettent entre autres de faire une distinction au cours de l'examen psychologique entre un dessin signe de régression affective et une maison témoignant d'un retard intellectuel.

3 Quelques éléments pour l'interprétation du dessin de la maison

L'attitude d'ensemble de l'enfant au moment de la consigne, pendant la réalisation de l'œuvre et une fois celle-ci terminée est un élément d'interprétation fondamental dans le cadre de l'examen psychologique. Certaines caractéristiques orienteront les hypothèses cliniques.

> Un temps de latence avant de commencer le dessin de plus de 30 secondes est anormal. Le temps d'exécution total varie selon les cas : les psychotiques mettent soit très peu de temps, soit beaucoup de temps ; les maniaques et les obsessionnels sont très lents ; par contre les psychopathes sont très rapides, car ils ont tendance à bâcler.
>
> J. Royer, *Le Dessin d'une maison. Image de l'adaptation sociale de l'enfant*, *op. cit.*, p. 16.

> *La conception d'ensemble du dessin*

Il est fort intéressant, avant d'aborder les détails du dessin, d'observer l'emplacement de la maison sur le support papier. Ainsi, lorsqu'un dessin prend le bord inférieur de la feuille comme base de la maison, le sens psychologique en est complètement différent si le dessinateur est âgé de 5 ans ou s'il est adolescent. Lorsqu'un adolescent ne parvient pas à faire reposer sa maison sur une ligne, cela témoigne le plus souvent d'une forme d'immaturité affective et d'un manque d'autonomie. De même, le degré de finition du dessin nous orientera sur l'enfant. Si le dessin est bâclé ou au contraire très appliqué et fourni, cela témoignera de l'intérêt pour l'enfant ou l'adolescent à mentaliser la maison et sa valeur symbolique maternelle. La symétrie sera observée relativement à l'équilibre affectif et mental du sujet.

Nguyên (1989) propose de considérer le niveau de représentation de la maison dans le dessin. Il s'agit ici d'apprécier le type de maison dessiné dans son aspect original ou non, personnalisé (une maison troglodyte, une cabane, une maison moderne toute en verre, à étage telle une maison-Dieu, etc.). Au contraire, la maison produite peut être notée comme très banale dans son ensemble, sans ajout impliquant une projection. Les dimensions seront repérées en termes de superficie, de proportionnalité par rapport aux éléments extérieurs. Le sens de la feuille est considéré, dans sa verticalité (traduisant une forme d'originalité) ou à l'horizontale (usage majoritaire) pour le dessin de maison. Lorsque les perspectives présentent la maison avec deux faces visibles, l'hypothèse d'une plus grande maturité peut être avancée.

> *Le trait de la maison*

Nous nous centrons ici sur les formes privilégiées par le dessinateur, selon qu'elles sont à tendance rectiligne ou courbe. La qualité du tracé fera l'objet de l'interprétation en termes de netteté, de rapidité et de dynamisme de réalisation, de précision et d'épaisseur. Toute aspérité dans le trait sera analysée lorsqu'il y a par exemple une rupture de trait, une zone de papier fortement imprimée par le crayon ou le feutre, des endroits éventuellement pliés, masqués ou déchirés. Chaque irrégularité du trait correspondra à une étape conflictuelle dans la réalisation du dessin de la maison.

> *Le toit, la charpente et la cheminée*

La toiture s'observe selon toutes ses éventualités : disparités, trou, changements de couleur, proportions par rapport au corps de bâtiment, sophistication de la toiture à plusieurs pans, formes imaginaires ou rationnelles. Tous les éléments accessoires de la charpente seront notés tels que les chenaux en bord de toiture, les gouttières ou gargouilles, les paraboles, antennes de télévision, cadrans solaires, girouettes, lucarnes, etc. L'ensemble de ces accessoires semble présenter deux fonctions, d'une part, l'attitude défensive dans laquelle la maison s'enferme, et d'autre part, l'évacuation des affects déplaisants.

La cheminée est considérée comme l'expression d'une certaine maturité et d'une forme d'équilibre affectif. Prise comme un symbole phallique, la cheminée devient le miroir du niveau de maturité sexuelle de l'enfant. On notera dans le dessin sa présence, son absence ou son surnombre, sa localisation sur le pan de toiture ainsi que ses dimensions. Ces dernières pourront servir d'indice en cas de perturbation d'ordre sexuel lorsque la cheminée est très grosse par rapport à l'ensemble de la maison ou encore lorsqu'on observe des noircissements au moment de sa réalisation. L'entretien affinera évidemment cette indication.

La cheminée est aussi ce que la vie intérieure à la maison laisse ressortir à l'extérieur. La cheminée, c'est donc le témoin de la chaleur intérieure au foyer. La présence ou l'absence de fumée sera appréciée ainsi que la forme et la direction de cette fumée. Généralement la fumée est associée à l'équilibre émotionnel du sujet en ce sens qu'elle représente le compromis entre la « tension interne et la pression de l'environnement » (Nguyên, 1989, p. 93). À ce propos, Stern déclare au sujet de la fumée que « tous les jaillissements sont expressifs de dynamisme » (Stern, 1966, p. 74).

> Les murs, le corps de la maison

La *communication sensorielle* est ici signifiée par *les murs* de la maison. La première mesure consiste à noter la présence ou non d'une distinction entre le bâtiment et la toiture. En effet, certains enfants ne feront pas cette différence en dessinant des maisons tipis, des igloos, des tentes, etc. Dans ce cas, les hypothèses cliniques seront réalisées en fonction de l'âge du dessinateur. La forme de la maison privilégiée sera repérée par sa tendance rectangulaire, arrondie, triangulaire ou sans commune mesure. Enfin, les détails relatifs au corps du bâtiment seront observés tels que les différents matériaux pour les murs (les briques traduisent une minutie obsessionnelle ; le verre permet la transparence et le voyeurisme, etc.).

Sur les murs ce sont également toutes *les ouvertures* qui prendront valeur signifiante. Ainsi, les portes et leur emplacement, leur grandeur, leur forme, les accessoires permettant de faire usage de ces portes (poignée, sonnette, cloche, etc.) nous informeront sur la possibilité d'entrée et de sortie, sur l'espace communicationnel envisageable. La présence d'obstacles pour entrer dans la maison sera considérée (escaliers, petit pont, tas de sable, etc.). Parfois, l'escalier pour aller à la maison prend valeur de chemin composé de formes rectangulaires. Il conviendra de s'assurer que la maison dessinée ne corresponde pas à la réalité d'habitat de l'enfant.

Les fenêtres ont valeur de zone d'échange et de communication, mais d'une façon plus discrète et plus protégée, notamment par des volets, des stores ou des rideaux. Elles prennent deux fonctions : celle de la décoration et celle de la protection. Leur nombre sera noté, certains enfants représentent des maisons avec une quantité innombrable de fenêtres pouvant parfois indiquer leur désir de voir vers l'extérieur sans être eux-mêmes soumis au regard hostile. La forme de ces ouvertures contribuera à l'interprétation avec des fenêtres-hublots, rappelant la navigation et le voyage. Tous les détails peuvent prendre sens lorsqu'il s'agit de volets fermés, obturant le champ de vision sur le monde environnant, ou encore lorsque les fenêtres sont représentées avec de nombreux barreaux tel un lieu d'enfermement.

Parfois, on peut voir des silhouettes derrière les fenêtres, qu'il conviendra de préciser avec le dessinateur.

> *Le paysage extérieur*

La *localisation* de la maison dans un décor particulier nous enseignera également sur le *mode perceptif* de l'enfant. Tout ce qui entoure la maison, l'environnement dans lequel elle est dessinée, aura valeur de signification, tout comme l'absence d'environnement. Dans l'analyse du paysage extérieur à la maison, il est nécessaire de considérer à la fois les aspects quantitatifs en termes d'objets représentés et aussi l'aspect qualitatif de ces éléments. L'appréciation du dessin se réalisera avec différents axes d'observation : la disposition des éléments entre eux, la symbolique de chaque objet représenté, la proximité ou l'éloignement des objets, leurs interactions éventuelles, les différentes perspectives, les reliefs, les lignes d'horizon ainsi que les volumes fournis aux éléments du dessin.

La végétation entourant la maison serait le signe, selon Nguyên (1989), d'une « tentative consciente de masquer ou de canaliser une légère anxiété » (*op. cit.*, p. 95). De la même façon, les arbres aux alentours de la maison seraient des personnages masqués qu'il faudra identifier avec l'enfant au cours de l'entretien.

Le soleil, dans sa symbolique consensuelle d'autorité paternelle, vient témoigner, selon que le trait accentue sa présence ou non, de son importance dans le psychisme de l'enfant. Les nuages peuvent venir voiler et ternir la présence de l'astre solaire, indiquant le plus souvent une certaine anxiété chez le dessinateur. Les reliefs produits en fond de dessin ont valeur d'information sur le niveau défensif. Bien évidemment, tout élément dégradant (poubelles, mauvaise odeur symbolisée par des traits ondulés, etc.) sera la manifestation de l'agressivité et du sentiment de colère.

La présence et la forme du *chemin* ont été souvent étudiées dans les recherches concernant le dessin de maison. Stern (1966, p. 70) évoque « une relation organique existant entre la maison et le chemin, prolongement de la porte. D'ailleurs très souvent ces deux éléments sont peints de la même couleur». Le chemin semble traduire l'élan relationnel de l'enfant. Certaines allées envelopperont la maison, d'autres seront en décalage avec la porte d'entrée, ce qui montre une discontinuité entre le Moi et le monde extérieur. Certains chemins sont passants, voire traversants, sans jamais aboutir à la maison, d'autres permettent de relier deux maisons entre elles. Il est également possible d'observer des maisons desquelles deux chemins partent en sens opposé, l'un vers la gauche du passé et de l'enfance, l'autre vers la droite de l'avenir.

> *Les couleurs du dessin*

La couleur est objet d'expression de soi, des affects et des émotions. Royer (2001) précise dans son manuel qu'il existe trois tendances au niveau des couleurs. *Les couleurs chaudes* (jaune, rouge et orange) correspondent à tout ce qui est du ressort de l'expression hors de soi des affects. Ces couleurs sont dynamiques et représentatives de l'action. *Les couleurs froides* (bleu, violet et vert) sont, à l'opposé, les couleurs de l'introspection, du regard calme et posé sur soi et sur le monde. *Les couleurs dites neutres* (noir, gris et marron) sont associées au choc, au trauma, à la difficulté d'expression des affects. Dans l'observation du dessin de la maison, il faudra donc prendre la mesure des couleurs privilégiées par le dessinateur, leur localisation ainsi que leur quantité et leur organisation avec la couleur de fond du support. Parmi les particularités relatives aux couleurs, il faudra noter lorsque les contours des objets sont repassés ou effectués systématiquement au feutre noir notamment, lorsque les objets sont ombrés ou estompés, lorsque les couleurs sont mélangées, repassées l'une sur l'autre, etc.

> *Les bizarreries et autres anomalies*

Comme tout dessin, quelle que soit la thématique, il est possible de constater des anomalies. Concernant la maison, c'est lorsque l'enfant représente autre chose qu'une bâtisse que l'on pensera à une anomalie, également en cas de gommage ou de destruction du dessin produit. De plus, lorsque l'enfant ou l'adolescent répond à la consigne initiale par le dessin de plusieurs maisons ou encore lorsque la maison présente des éléments disparates, morcelés ou des disproportions remarquables, l'anomalie sera relevée.

> Commencer par un élément extérieur à la maison ou par un détail de celle-ci est une anomalie. (...) Dessiner en dernier les fenêtres basses et surtout la porte indique, selon Buck, soit un dégoût pour les contacts avec les autres personnes, soit une tendance à s'éloigner de la réalité.
>
> J. Royer, *Le Dessin d'une maison. Image de l'adaptation sociale de l'enfant*, *op. cit.*, p. 17.

Si cette étude sur le dessin de la maison nous informe à propos de la construction psychique interne et relationnelle de l'enfant ou de l'adolescent, l'association du dessin de bonhomme et de celui de la maison sera souvent l'occasion de traduire pour l'enfant ses représentations quant au fonctionnement familial.

Chapitre 4

Le dessin de famille

1 LES DIFFÉRENTS TESTS DE DESSIN DE FAMILLE

Lorsque l'enfant a acquis la notion de représentativité, il peut à l'aide du dessin de bonhomme et de celui de la maison créer graphiquement une famille, qui sera alors le reflet de ses affects relationnels avec son véritable milieu familial. Dans le cadre de l'examen psychologique, il peut être intéressant pour l'évaluation clinique de proposer la consigne du dessin de famille. Une production ainsi réalisée correspond à un test de personnalité où l'interprétation sera fondée sur les mécanismes associés à la projection. Les relations familiales vont imprégner l'enfant dans la construction de ses modèles internes opérants et le dessin témoignera de son système d'attachement, hyperactivé, inhibé ou sécurisé.

La consigne consistant à demander à l'enfant ou à l'adolescent de dessiner une famille reste relativement simple et peu structurée pour que celui-ci s'y projette facilement. Des hypothèses cliniques à propos des besoins, fantasmes, régressions de l'enfant pourront être posées en étroite relation avec le système familial. Bien plus que la véritable famille, le psychologue s'intéressera aux caractéristiques de cette famille graphique, puis dans l'après-coup pourra effectuer des comparaisons avec la famille réelle, constatant éventuellement par là même les dissemblances et les ressemblances. Une attention particulière sera portée au premier personnage dessiné, cette primauté lui conférant une valeur symbolique significative pour le dessinateur. Bien évidemment, la place projective consciente de l'enfant dans le dessin viendra compléter les hypothèses interprétatives.

Comme pour le dessin du bonhomme, on relève les signes qui renvoient à la différence des sexes et à la différence des générations. La comparaison entre les figurations du personnage humain au dessin du bonhomme et aux deux dessins de famille donne souvent des indications intéressantes.

R. Debray, *L'Examen psychologique de l'enfant à la période de latence (6-12 ans)*, *op. cit.*, p. 27.

II LE TEST DU DESSIN DE FAMILLE SELON CORMAN (1961)

1 La passation

À partir d'une technique on ne peut plus simple, il s'agit de proposer à l'enfant ou à l'adolescent de dessiner une famille. Le matériel sera prédisposé sur une table, soit une feuille de papier blanc, un crayon à papier et également des crayons de couleur. Il faudra s'assurer au préalable que l'enfant se sente en sécurité pour accomplir le test, qu'il soit à la fois en situation de confort matériel mais aussi de confiance relationnelle avec le clinicien.

Ce postulat implique le fait que le test du dessin de famille ne peut être proposé dès la première séance, dès le premier entretien de l'examen psychologique. Un enfant insécurisé par la passation au moment du dessin risquerait de traduire son sentiment soit en ne se reportant qu'à sa famille réelle si elle possède un caractère rassurant, soit à une famille insécurisante, voire effrayante, qui ne serait alors que la traduction de l'affect suggéré par la consigne du moment.

Comme pour toute réalisation de dessin dans le cadre de l'examen psychologique, il est nécessaire que le psychologue soit présent au moment de la réalisation afin de noter l'ensemble des éléments marquants de la réalisation mais aussi l'ordre de représentation des personnages et des objets du dessin. L'application avec laquelle les personnages sont dessinés aura également son importance, les éléments de détail de chaque bonhomme seront soigneusement répertoriés.

Il ne s'agit bien évidemment pas d'effectuer un contrôle ou une quelconque pression sur l'enfant, mais bien de ne pas perdre d'information quant à ce que le dessin va pouvoir apporter. Le clinicien n'induit pas pendant la réalisation graphique, il encourage par une attitude empathique, répond à toute question émanant du dessinateur ou encore rassure, tout en prenant note, lorsqu'un conflit psychique semble surgir dans l'esprit de l'enfant.

2 Les consignes

Bien sûr, une seule consigne sera indiquée à l'enfant, mais selon les tests du dessin de famille proposés, la consigne a pu légèrement différer. Certains ont demandé de représenter la famille ou une famille connue de l'enfant. Corman (1961) préfère suggérer à l'enfant de dessiner une famille, « une famille que tu inventes » ou « dessine-moi une famille », ou encore « imagine une famille de ton invention et dessine-la » (Engelhart, 2008, p. 95). Pour les enfants ou adolescents réticents ou paraissant en difficulté face à une telle invite, il est possible de compléter en indiquant par exemple « dessine tout ce que tu voudras : les personnes d'une famille et, si tu veux, des objets, des animaux » (Corman, 1961, p. 18). Corman (1961) a remarqué que lorsqu'on ne précisait pas directement à l'enfant de dessiner sa propre famille, alors les projections dans le dessin en étaient facilitées.

Toute attitude d'inhibition sera repérée par le psychologue soit en tant que première réaction face à la consigne, signe de dévalorisation et de sous-estime de soi (je ne sais pas faire), soit pendant la réalisation du dessin au moment de représenter un bonhomme de la famille imaginée aux caractéristiques projectives notables. L'enfant ou l'adolescent qui se sent dans le même esprit de réussite et de compétition qu'à l'école pourra également douter de ses capacités face à la qualité de son dessin, il convient alors de préciser au dessinateur que l'examen psychologique n'a rien à voir avec une notation telle qu'elle est pratiquée à l'école.

L'ensemble des *réactions affectives* de l'enfant ou de l'adolescent pendant la réalisation du dessin sera relevé. Par exemple, les cassures de traits du dessin qui suggèrent un conflit, les moments où l'enfant lève les yeux de son support papier pour chercher le regard salvateur du clinicien ou pour trouver une inspiration à propos de sa réflexion présente seront autant d'éléments à prendre en considération. Un enfant qui témoigne au psychologue sa soif, une bouffée de chaleur ou son émotion, ou encore qui lâche un profond soupir lance inconsciemment des appels à l'attention du clinicien. Le rythme du dessin est interrompu, ce qui signifie le plus souvent un état émotionnel important.

3 L'entretien

Une fois l'œuvre terminée, un entretien semi-directif de recherche est proposé à l'enfant dans lequel il lui est demandé de s'exprimer sur sa production, d'en définir les différents personnages. L'objectif de cet entretien est de réduire au maximum la part de subjectivité interprétative venant du clinicien. Alors la réalisation de l'enfant est reconnue dans son effort participatif, l'enfant ou l'adolescent est remercié pour son dessin.

> C'est, en effet, le sujet qui est le mieux placé pour savoir ce qu'il a voulu exprimer en faisant son dessin. C'est donc à lui qu'il convient de le demander. D'où la nécessité de l'entretien.
>
> L. Corman, *Le Test du dessin de famille*, 1961, p. 19.

Dans le test du dessin de famille, mais également dans les autres dessins, il est nécessaire d'interroger l'auteur sur son degré de satisfaction quant à sa création graphique. Ceci donne des indications relatives au fonctionnement d'évaluation subjective qui est à mettre en relation avec les niveaux d'estime et d'affirmation de soi. De plus, quelle que soit la réponse, il est conseillé de demander à l'enfant ce qu'il modifierait s'il devait refaire un dessin. Cette entrée en matière pour l'entretien vient très largement compléter les observations au moment de la réalisation.

Les questions préparées peuvent être posées. Elles sont les suivantes : cette famille que tu as imaginée, tu peux me la raconter ? Où sont-ils ? Que font-ils ? Peux-tu me montrer toutes les personnes, me dire qui elles sont en commençant par la première que tu as dessinée ? Chaque bonhomme de cette famille verra son rôle, son sexe et son âge précisés par le dessinateur. Quelques questions peuvent être posées relativement aux préférences, pour l'enfant, des différents personnages représentés.

Corman (1961) précise que six questions sont toujours demandées : quel est le plus gentil de tous dans cette famille ? Quel est le moins gentil de tous ? Quel est le plus heureux ? Quel est le moins heureux ? Pour chaque réponse fournie, il est demandé à l'enfant de la justifier (en utilisant par exemple la formulation « Pourquoi ? »). Et toi, dans cette famille, qui préfères-tu ? Enfin, par la méthode *des préférences et des identifications*, le clinicien formule une dernière interrogation : « Si tu faisais partie de cette famille, quel personnage serais-tu ? » La justification de la réponse de l'enfant fait toujours suite à cette dernière question (Widlöcher, 1998, p. 140). En fonction de l'objectif de l'examen psychologique, de la situation de l'enfant, il est possible de compléter l'entretien par d'autres questions qui favoriseront toujours l'échange et le dialogue avec le dessinateur.

Il arrive régulièrement que les enfants ne puissent se séparer de leur famille réelle. Un tel dessin présentera certes moins d'éléments projectifs, cependant l'analyse de l'interaction et de l'ordre d'écriture de chaque bonhomme sera tout à fait signifiante pour l'examen psychologique. Mais généralement, on constate une tendance chez les dessinateurs à se laisser aller à l'imaginaire, à la rêverie et à l'expression de l'inconscient. Dans certains cas, les enfants ou adolescents pourront laisser libre court à leurs divagations graphiques en réalisant une famille dans laquelle ils ne figurent pas ou encore dans laquelle ils sont bien présents mais à un autre statut (ils seront, par exemple, le père ou la mère de cette famille imaginaire, l'oncle, la tante ou un grand-parent, certains seront même l'animal de compagnie de la famille). Ce test permet de s'essayer dans de multiples qualités, à différents niveaux de développement et d'autorité familiale.

4 La famille imaginée et la famille réelle

Avant de passer à l'interprétation des éléments du dessin, une comparaison entre la famille imaginée et la famille réelle de l'enfant ou de l'adolescent va être effectuée, « car la fidélité plus ou moins grande avec laquelle l'enfant a, sous le travesti d'une famille inventée, reproduit sa propre famille a une grande importance, toute omission ou déformation d'un personnage étant significative de quelque problème » (Corman, 1961, p. 22). Le clinicien peut alors en venir à l'interprétation des différents éléments du dessin.

Dans certaines situations, l'enfant aura strictement représenté sa famille réelle. Dans ce cas, au cours de l'entretien, il est tout à fait possible de lui suggérer qu'il pourrait choisir d'être un autre personnage dans son dessin (alors lequel souhaiterait-il être aussi, en plus de sa place réelle ?). La réponse du dessinateur nous montre bien souvent à quel point le jeu des identifications est présent dans la composition familiale réelle.

III L'INTERPRÉTATION SELON LE PRINCIPE DU PROCESSUS D'IDENTIFICATION

Une observation toute particulière sera faite du personnage familial, dessiné en premier. Ce bonhomme est le plus souvent significatif pour l'enfant, il est celui par lequel la famille peut être fondée. C'est généralement un personnage en étroite relation affective avec l'enfant ou l'adolescent ainsi qu'un bonhomme identifiant. Le processus d'identification est à comprendre comme une imitation spontanée, non issue d'un apprentissage, d'un modèle complexe de systèmes intégrés de comportements, qui au départ sont ceux des parents et restent relativement stables dans le temps (Mussen, 1980). Ce sont les identifications du passé qui constituent l'identité du présent. Par l'identification, l'individu devient capable d'être l'autre sans pour autant se perdre dans l'autre (Chiland, 1992).

Nous considérons le processus d'identification comme une attitude cognitivo-affective, en ce sens qu'elle nécessite un travail dans l'établissement d'une relation symbolique ou réelle à autrui. S'identifier à un modèle, c'est d'emblée se savoir différent de lui et chercher à lui ressembler (Codol, 1980), mais c'est surtout tenter de s'approprier les « états de but» du modèle (Kagan, 1968), donc, fournir un étayage suffisant à la mise en place de projets de vie. Ainsi, le sentiment de valeur personnelle, l'accès à la représentation de soi, reposent sur les identifications de l'enfance, ainsi que toutes celles de la vie.

Cette définition du processus d'identification nous permet de mieux saisir l'enjeu même du dessin de famille dans les choix représentatifs de l'enfant ou de l'adolescent. Face à un quelconque conflit personnel ou relationnel, le dessinateur fera apparaître dans sa création ce qui suscite de l'angoisse en lui par différentes opérations graphiques relatives à l'identification. La mise en valeur ou son opposé d'un personnage de la famille sera une de ces opérations.

1 Le personnage principal mis en valeur

Ce principe de valorisation, caractéristique du processus d'identification, semble traduire chez le jeune dessinateur des relations symboliques ou réelles particulières avec le personnage valorisé. Ce premier membre de la famille graphique est le plus important dans les représentations de l'enfant par son aspect protecteur, rassurant ou à l'inverse par la peur ou la crainte qu'il inspire. Le bonhomme identifié positivement de la sorte peut présenter plusieurs caractéristiques spécifiques. Il peut dans un premier temps être choisi par le dessinateur comme étant l'élément essentiel de cette famille graphique. Le temps qui lui est consacré dans la réalisation est alors supérieur au temps consacré aux autres personnages. Il est généralement *positionné en première place* sur la gauche de la feuille, suivi plus à droite des autres membres de la famille. Bien souvent, ce premier personnage est un des deux parents, mais il peut également arriver qu'il s'agisse d'un pair, alors le dessinateur « considère son sexe et son rôle comme privilégié et que, dans son cœur, il souhaite en occuper la place » (Corman, 1961, p. 49).

Il arrive parfois que le premier personnage dessiné soit l'enfant lui-même. Dans ce cas, l'hypothèse d'un conflit narcissique pourra être posée et devra être vérifiée par l'intermédiaire de l'entretien. Nous pouvons citer l'exemple d'un enfant ou d'un adolescent qui ne parvient pas à investir les images parentales, faute de retour reconnaissant ou encore en raison d'un conflit relationnel. En pareil cas, le sujet n'a d'autre alternative que se centrer sur lui-même, dans un repli narcissique, afin de trouver ressource psychique dans l'en-soi.

Il peut également arriver que le personnage valorisé ne soit pas dessiné en premier, mais en revanche qu'il soit *plus grand par ses mensurations*, plus imposant par la place qu'il occupe sur la feuille de papier. Un enfant dans une phase narcissique aiguë peut souhaiter s'identifier à un personnage qui ne sera autre que lui-même. Toutefois, par l'acquisition des règles relationnelles sociales, l'enfant saura qu'il ne peut se représenter en premier, alors la famille sera dessinée dans son ordre hiérarchique socialement acceptable, mais le personnage valorisé dépassera d'une tête l'ensemble des autres membres familiaux.

Un élément supplémentaire permettant d'identifier le personnage mis en valeur dans le dessin de famille concerne *l'application et le temps d'exécution* passés pour représenter un membre de la famille. L'ensemble des traits relatifs à ce personnage est fin, recherché et détaillé. Le bonhomme servant le processus identificatoire est défini avec autant de soins que s'il s'agissait de soi-même. Cette valorisation peut encore se traduire dans l'utilisation de couleurs variées, appliquée, orientée vers un unique personnage. Ce dernier sera accessoirisé par des éléments surajoutés.

Sans être le premier personnage représenté sur la feuille, l'identification peut se jouer à travers la *position centralisée du bonhomme*, tel le nombril du monde, il est celui que le lecteur voit d'emblée, il peut aussi être celui que les autres membres de la famille regardent ou même contemplent. L'entretien viendra bien souvent confirmer cette tendance lorsque l'enfant déclarera choisir ce personnage comme modèle d'identification ou lorsque par ses symptomatologies langagières, il fournira de nombreuses indications vers ce bonhomme.

2 Les indices de la dévalorisation

Dévaloriser un personnage familial, c'est le diminuer, le rabaisser dans sa représentation, le cacher ou encore l'oublier par un mécanisme de défense nommé déni névrotique.

> Le sujet répond aux conflits émotionnels ou aux facteurs de stress internes ou externes en refusant de reconnaître certains aspects de la réalité de son expérience, pourtant évidents pour autrui. (...) Ce déni évite d'admettre ou de prendre conscience d'un fait mental (idée et sentiment) dont le sujet pense qu'il peut lui valoir des suites désagréables (honte, peine ou tout autre affect douloureux).
>
> J. C. Perry, J.-D. Guelfi, J.-N. Despland et B. Hanin, *Échelles d'évaluation des mécanismes de défense*, 2004, p. 68.

Dans le dessin de famille, tout élément entraînant de l'angoisse pourra être évité et donc nié. Ainsi, l'étape consistant à comparer la famille imaginée à la famille réelle pourra parfois indiquer l'absence dans le dessin d'un des membres de celle-ci. On observe régulièrement ce type de dévalorisation dans les fratries où un des frères ou sœurs est supprimé afin de répondre au sentiment de jalousie effectif. Lorsque l'enfant s'aperçoit de son oubli, il peut éprouver le besoin de se justifier, craignant que ses sentiments annihilants ne soient découverts, et ainsi trouver une série d'explications logiques telles que le manque de place sur la feuille ou encore la trop grande corpulence du personnage réel pour entrer dans le dessin.

Il arrive également que ce soit un ou les deux parents qui soient omis dans la famille imaginée. L'hypothèse d'un conflit affectif avec le parent absent sera alors posée. L'entretien permettra d'aborder les raisons de la dévalorisation du membre familial absent. Notons qu'il est également possible de constater que c'est le dessinateur lui-même qui semble s'être oublié dans la famille graphique. Bien souvent il ne s'agit pas d'une omission aux caractéristiques destructrices d'anéantissement mais, plutôt, la traduction d'un mal-être actuel. Le personnage d'identification apportera des informations quant aux besoins intimes de l'enfant ou de l'adolescent et relativement au conflit psychique qu'il traverse.

Une autre situation est imaginable lorsque ce sont des parties de bonhomme qui sont oubliées et non le personnage dans sa totalité. Dans les années quatre-vingt, la tendance a été de schématiser chaque partie absente en correspondance avec un niveau de conflit psychique. Par exemple, l'absence de bras sur un personnage a été reliée au sentiment de culpabilité associé à une activité masturbatoire ou propice aux pensées de la sexualité infantile. Il s'est avéré que de telles liaisons étaient le plus souvent abusives et, surtout, non généralisables. La prudence reste donc de mise en cas de scotomisation d'un personnage, le principe clinique prévaut, et seul l'échange avec le dessinateur au cours de l'entretien peut venir éclairer ce type d'omission. La dévalorisation peut également être repérée dans d'autres modalités telles que, par exemple, un personnage représenté plus petit que les autres, positionné en dernier, voire même étriqué en fin de page, non complètement représenté. Il peut encore paraître détaché du groupe de personnages, à l'écart ou sur un plan inférieur. Il arrive parfois qu'un bonhomme soit dessiné de façon bâclée, le feutre bave uniquement sur lui, les éléments de détail sont absents. Certains enfants vont enlaidir un personnage en lui conférant des attributions négatives comme par exemple un frère ou une sœur graphique représenté(e) avec de nombreux boutons, les cheveux mal coiffés, un parent voûté comme « une vieille mémé » ne correspondant alors pas à la réalité.

Au moment de donner une identité nominale à chaque personnage, il arrive qu'un n'en possède aucune, l'enfant déclarant alors qu'il ne sait pas de qui il s'agit ou qu'il n'a pas de nom. Notons, enfin, des cas relativement rares où le dessinateur représente un personnage et déclare dans l'entretien qu'il ne souhaite en aucune façon s'identifier à lui ou lui ressembler. Le conflit est alors clairement déclaré et sa verbalisation semble venir comme un appel envers le clinicien afin de dénouer ou de recevoir la situation difficile.

Il existe encore une modalité bien particulière signifiant la dévalorisation d'un personnage lorsque ce dernier, après avoir eu une existence graphique, est barré volontairement par l'enfant. Quelquefois, il s'agit de représenter un membre de la famille réelle, un grand-père par exemple qui est décédé. Le fait de barrer symbolise alors la mort de l'être réel. Dans d'autres cas, le conflit est clairement mentionné, ce qui signale une intention représentative censurée au niveau conscient. Il est nécessaire de vérifier la gestuelle au moment où le dessinateur barre un personnage afin de distinguer la dévalorisation par restriction psychique ou le passage à l'acte agressif destructeur témoignant d'un désir conscientisé de porter atteinte au bonhomme graphique et à ce qu'il symbolise.

3 Le mécanisme de surajout et le déplacement de personnage

> Quand une tendance instinctive ne peut être assouvie ni assumée parce que comportant une certaine culpabilité, le sujet y renonce, c'est-à-dire (...) la refoule dans son inconscient. Mais (...) en vertu du dynamisme inhérent à toute tendance vitale, ce renoncement n'est qu'apparent, les pulsions cherchant à s'assouvir en dépit des interdits, ce qui se traduira souvent par un *déplacement*. Cela veut dire que la tendance est alors assumée, non par le sujet lui-même, mais par un personnage assez différent de lui par l'âge, le sexe ou la situation (ou les trois à la fois) pour que le sujet ne risque pas d'être reconnu ou de se reconnaître lui-même sous ces traits d'emprunt.
>
> L. Corman, *Le Test du dessin de famille*, *op. cit.*, p. 60.

On parle de personnage surajouté lorsque ce dernier ne trouve aucune correspondance dans la réalité familiale. Il s'agit alors d'un personnage qu'il faut évaluer pour ses compétences, son statut ou sa position sociale afin de comprendre son rôle dans l'esprit de l'auteur. Il arrive qu'un enfant ajoute un personnage issu de dessins animés dans sa famille imaginée. L'identification au héros télévisé devient flagrante et ce personnage symbolise tout ce que l'enfant rêve de faire ou d'être mais qu'il ne peut concrétiser dans la réalité. Le dessinateur peut parfois être absent de la famille imaginée alors qu'en revanche un personnage non identifiable dans la réalité est ajouté, auquel cas l'identification projective est complète.

Corman (1961) a proposé une étude approfondie du personnage supplémentaire en fonction de différentes spécificités. Il peut être par exemple *un nourrisson*, « sur lequel le sujet déplace de fortes tendances régressives qu'il aurait honte d'exprimer directement » (*op. cit.*, p. 61). Il peut également être *plus âgé que le dessinateur et même être adulte.* Plusieurs désirs sont alors exprimés tels que le désir d'autonomisation de l'enfant ou encore des désirs œdipiens. Le déplacement opéré permet de contourner l'interdit de l'inceste ou la position hiérarchique dans la fratrie par exemple.

Relativement à un désir d'identification gémellaire, le personnage ajouté peut être une sorte de clone, nommé par Corman (1961), *le double.* Ce processus particulier d'identification permet de rassurer l'enfant, de lui conférer une sécurité en ce sens que toute action est accomplie en partenariat avec un pair. Notons enfin que le surajout peut aussi porter sur un animal de compagnie qui n'a aucune existence dans la composition de la famille réelle. Dans pareil cas, cela doit être interprété selon deux optiques, l'une émanant du désir de l'enfant de posséder un animal dans le contexte réel, l'autre relative au type d'animal représenté. En effet, si l'enfant rajoute un chien ou un chat à la composition de la famille imaginée, cela ne prendra pas la même valeur symbolique que s'il y rajoute un lion, un loup ou une araignée, animal féroce, sauvage voire dangereux. Dans tous les cas, c'est l'entretien qui permettra d'éclaircir les désirs inexprimables de l'enfant manifestés dans le dessin.

> Mais dans tous les cas où figure un animal qui n'existe pas en vrai, et où cet animal est particulièrement mis en valeur, d'une manière positive ou négative, l'on devra penser qu'il représente une tendance que l'enfant n'ose assumer lui-même. La chose est particulièrement remarquable quand l'enfant ne figure pas en personne dans son dessin, s'étant tout entier projeté dans son animal d'identification.
>
> L. Corman, *Le Test du dessin de famille*, *op. cit.*, p. 65.

L'animal chez les enfants possède une forte valeur signifiante. Dans de rares circonstances, un enfant peut dessiner une famille imaginée d'animaux, lorsque la famille réelle comporte trop d'aspects choquants ou traumatisants. Il arrive effectivement dans des familles incestueuses que l'enfant agressé ne puisse pas répondre directement à la consigne du test du dessin de famille, étant trop inhibé ou envahi émotionnellement par le conflit psychique. La consigne est donc modifiée afin que la projection et l'identification soient observables par l'intermédiaire de l'animal.

4 La représentation des liens entre les personnages

Dans l'interprétation du dessin d'une famille imaginée, il conviendra d'entrevoir les liens, les positionnements qui unissent ou séparent les personnages entre eux. Il s'agit ici d'une transcription des représentations de l'auteur quant aux relations désirées entre les membres familiaux. Tout rapprochement par proximité ou par collage témoigne de l'intimité effective ou désirée entre deux personnages symboliques. Par exemple, il n'est pas rare d'observer des dessins où le père et la mère se donnent la main (par allongement des bras), ce qui montre leur amour l'un pour l'autre, alors que dans la réalité ils sont séparés ou divorcés.

Deux bonshommes peuvent ainsi se donner la main, s'embrasser, s'enlacer ou simplement avoir une activité ensemble, auquel cas c'est le dessinateur qui exprimera ce rapprochement lorsqu'il commentera sa création. Dans certains cas, l'intimité entre deux personnages du dessin peut amener à l'isolement des autres membres de la famille graphique. Ainsi, dans une problématique de jalousie fraternelle, un enfant peut représenter la mère tenant le plus jeune de la fratrie dans ses bras et éloignée des autres enfants. L'identification de l'auteur nous orientera sur la nature de ses sentiments et sur un éventuel conflit. À la fois tout rapprochement de personnage opposé à la réalité familiale est à interpréter au plan clinique, mais également tout éloignement est à prendre en considération.

5 Les interactions et les distances entre les personnages

Plusieurs éventualités sont envisageables ici. Le personnage d'identification peut être distancié des autres membres de la famille imaginée. Dans pareil cas, l'hypothèse d'une difficulté dans le sentiment de filiation et d'appartenance peut être posée et développée par l'intermédiaire de l'entretien. En situation ordinaire, l'enfant pourra représenter la famille inventée avec en premier le couple parental côte à côte suivi de la fratrie ou également avec le père ou la mère suivi de la fratrie puis pour refermer le dispositif familial le second parent. Dans ce cas, le couple englobe les enfants dans un sentiment de protection.

Lorsque les parents de l'enfant sont séparés ou divorcés, nous assistons soit à une famille inventée distanciée avec un père et une mère aux antipodes de la feuille, séparés par un espace vide, soit, lorsque le désir de l'enfant est de réunir ses parents, un couple très proche qui ne correspondra pas à la réalité. En fonction de la phase développementale dans laquelle se situe l'enfant, il peut arriver également que le dessinateur représente un couple parental séparé sur la feuille de papier qui dans la réalité ne connaît ni l'absence d'un des deux parents, ni leur divorce. Le désir œdipien est généralement la cause d'un tel écart dans les représentations parentales. Le personnage d'identification sera alors celui positionné de façon proche du parent de sexe opposé.

Dans certains dessins de famille, on observe un éloignement entre le personnage d'identification et le parent du sexe opposé ou les deux parents. Cet éloignement traduit souvent l'existence d'un conflit révélé dans la réalité ou latent dans la construction psychique de l'enfant. Certains sujets, afin de souligner la distanciation, tracent d'un trait une frontière empêchant l'interaction entre les personnages dessinés. La traduction d'un désir conscientisé de mise à distance doit être prise au sérieux et comprise comme un appel envers le clinicien.

6 Les niveaux d'identification

En toute dernière question au test du dessin de famille il est demandé à l'enfant de choisir un personnage d'identification. On sous-entend et on force en quelque sorte la projection dans le dessin. Les mécanismes de l'inconscient sont alors à l'œuvre, agissant avec le refoulement et la censure du Moi. La réponse fournie par l'enfant ou l'adolescent témoigne dans cette acception de plusieurs niveaux du processus d'identification.

Le niveau le plus immature correspond à *l'identification de défense* (Corman, 1961, p. 74) se rapportant à une identification de survie aux instances surmoïques. L'agressivité et le passage à l'acte peuvent y être exprimés, mais également le sentiment éventuel de persécution. Dans le dessin de famille, cela pourra se traduire par exemple par l'intermédiaire des accessoires vestimentaires des personnages, de leur statut ou fonction qui symboliseront souvent la puissance, la force, le pouvoir et la possibilité de nier l'autre (le méchant, le bandit, le policier qui peut faire usage de son arme, le parent autoritaire, etc.).

Un niveau intermédiaire correspond à :

> *L'identification de désir* ou *de tendance*, par laquelle le sujet se projette dans le ou les personnages qui satisfont le mieux ses tendances avouables. Par exemple, il sera le père pour pouvoir commander ; ou la mère, pour avoir des enfants ; ou le frère aîné, pour être indépendant et faire ce qu'il lui plaît ; ou le bébé, pour être choyé (*identification du Soi*).
>
> L. Corman, *Le Test du dessin de famille*, *op. cit.*, p. 74.

À un niveau mature de projection, *l'identification* dite *à la réalité* est présente. Il s'agit là d'une identification cohérente avec les éléments de la vie réelle, les représentations de l'enfant ne sont pas fantasmées ou erronées sur lui-même et sur son environnement. Ces identifications sont constructrices dans le sens où elles permettent de se mettre en projet. Le personnage identifié est alors « Moi », celui qui correspond en tout point aux conditions de vie, de sexe, de statut et d'âge. L'entretien avec le dessinateur favorisera le repérage du niveau identificatoire.

Dans certains cas, l'enfant montrera une résistance forte au moment de choisir un personnage d'identification. Ce mécanisme révèle alors un niveau défensif élevé faisant référence aux instances du refoulement. Seuls les signes de la mise en valeur du bonhomme permettront d'évaluer le processus d'identification de l'enfant. Le surajout de personnage apportera également des précisions quant à ce processus car « on devra être tout particulièrement attentif aux personnages surajoutés, car ils représentent presque toujours (...) des identifications du sujet ; s'il y en a plusieurs, ils peuvent représenter plusieurs tendances différentes, entre lesquelles le sujet se trouve partagé » (Corman, 1961, p. 75).

Dans tous les cas, il conviendra, au moment de l'interprétation psychologique du dessin de famille, de distinguer l'identification consciente de l'identification inconsciente. Effectivement, il peut se jouer sous les yeux du clinicien un conflit entre les désirs inavouables de l'enfant et les possibles avouables. Par exemple, lorsqu'un bébé est ajouté à la composition familiale, très souvent l'auteur du dessin s'identifie au nouveau-né en ce sens qu'il projette sur lui des valeurs affectives de protection, de maternage, de soins fusionnels avec la mère. Le nourrisson prend alors valeur d'identification mais, au moment de verbaliser son choix, l'enfant se censure et estime inavouable de dire qu'il souhaiterait être ce bébé. L'enfant va alors déplacer son identification vers le parent maternant par exemple, et donc déclarer que la mère du dessin est l'objet de son choix identificatoire. Dès qu'il y a ce type de déplacement, la notion de culpabilité peut être évoquée se traduisant parfois chez l'enfant par des angoisses envahissantes ou des passages à l'acte agressif.

IV LE DESSIN DE FAMILLE ET LA PROBLÉMATIQUE DE PLACEMENT FAMILIAL

1 La double appartenance et le conflit de loyauté

Le placement familial vient au moment où la société a estimé des parents inaptes à la bonne éducation de leur enfant, lorsque l'enfant est en danger au contact de ses parents et quand le contexte familial présente de forts risques pour la suite du développement psychique de l'enfant. Il apparaît alors une réelle problématique conflictuelle chez les enfants en accueil familial qui ont un fonctionnement clivé relevant de la double appartenance, la famille d'origine et la famille d'accueil, et souffrent d'un conflit de loyauté dans lequel il leur est insupportable de dévaloriser leurs parents.

> En eux coexistent des parties très adaptées à la réalité et des parties anciennes qui peuvent resurgir avec la violence des sentiments que ces sujets ont vécus lorsqu'ils étaient bébés ou petits. (…) Ils sont pris en fait dans d'authentiques moments hallucinatoires. Ils sont donc à la fois adaptés, psychotiques, dépendants et dépressifs.
>
> M. Berger, *L'Enfant et la souffrance de la séparation*, 2003, p. 90.

Le dessin de famille sera le reflet de l'état conflictuel. Le psychologue peut être surpris par l'aspect idéalisé de la famille inventée qui représentera une famille unie avec les parents proches de leurs enfants. Les personnages surajoutés sont souvent présents et traduisent le fait que cette famille-là n'existe pas dans la réalité. Il peut s'agir parfois de membres de la famille d'accueil qui rappellent alors la situation de placement ou encore d'un bébé, qui viendra par identification et projection réparer les relations affectives précoces carencées.

Il apparaît de façon assez nette que le dessin de famille est le lieu d'expression du clivage et du conflit que vit l'enfant. Il sera très rare que le dessin témoigne directement des carences familiales vécues, car ce n'est que « lorsque le cadre est bon que l'enfant va pouvoir se permettre de montrer à quel point il va mal» (Berger, 2003, p. 121). En d'autres termes, lorsque l'enfant est arrivé à prendre confiance dans son milieu d'accueil, lorsqu'il a trouvé une stabilité affective et un équilibre dans la relation avec ses parents, alors il pourra transcrire par son dessin la souffrance vécue.

Certains enfants qui ont expérimenté une relation d'attachement sécurisé dans leur famille d'accueil peuvent, face à la consigne du dessin de famille imaginée, se représenter dans une structure familiale où les personnages seront en tout point ceux de la famille accueillante. La famille réelle se trouve alors niée, mais parce que la consigne stipule bien le dessin d'une famille inventée, l'enfant témoigne du conflit dans lequel il est, celui d'être enfant de parents inadéquats. Le test du dessin de famille viendra apporter des informations par rapport au niveau d'acceptation de la réalité par l'enfant ou par l'adolescent.

2 Le dessin de famille chez l'enfant victime

Lorsqu'un enfant est victime d'agression sexuelle, de maltraitance ou de négligence, lorsqu'il subit la violence d'autrui, l'ensemble de sa structure affective et émotionnelle s'en trouve affecté. En considérant le dessin de famille comme favorisant l'expression et l'extériorisation des ressentis les plus intimes, on peut y trouver le moyen de communiquer l'innommable, l'insupportable. «À partir du dessin de famille, Koppitz (1968) avait établi une liste d'une trentaine d'indices émotionnels permettant de différencier les dessins d'enfants "normaux" de ceux des enfants "perturbés" d'une façon générale. Il s'est avéré que les enfants "sexuellement agressés" présentent un nombre particulièrement élevé de ces signes, démontrant ainsi l'intensité de ce type de stress» (Royer, 2001, p. 60).

Quatre tendances peuvent être visibles dans le dessin de famille. Ces tendances seront le reflet des degrés d'emprise et de culpabilité ressentis par l'enfant victime. On peut repérer des préoccupations relatives à tout ce qui concerne *la sexualité.* Le dessin à caractère essentiellement phallique pourra interpeller par sa crudité, par les mises en scène relationnelles des personnages familiaux entre eux. Le caractère pulsionnel prime. « Mais chez les victimes, les dessins comportent dans 50 % des cas la représentation directe ou symbolique d'attributs sexuels. Dans la représentation du personnage, on constate souvent une emphase des caractères sexuels, chez les filles, des qui louchent yeux souvent et des mains, et, chez les garçons, des pieds, du nez, de la bouche ou des dents. Des parties de vêtement ou les accessoires sont de forme phallique » (Royer, 2001, p. 60).

Une seconde tendance correspond à l'extériorisation de *l'aspect agressif* ressenti par l'enfant. La famille inventée pourra parfois être effrayante par des personnages monstrueux, enlaidis ou au pouvoir destructeur, capables de tuer. Les couleurs privilégiées seront alors celles de la colère telles que le rouge, l'orangé. Il n'est pas rare dans ces dessins que le sang soit évoqué. Les scènes de lutte, de combat pourront faire partie de l'agressivité extériorisée.

Sur un axe opposé, lorsque l'enfant victime est envahi par *le sentiment de culpabilité*, le dessin de famille est davantage figé, rationalisé afin de ne rien laisser paraître. Si l'enfant se représente dans le dessin, c'est sous l'aspect de la petitesse, du retrait et de l'isolement. La notion de secret peut être abordée au cours de l'entretien. Dans le contexte d'une suspicion d'agression sexuelle sur enfant, le personnage sans bouche prend la signification de non-évocation des affects. Enfin, une quatrième tendance peut être énoncée, relative au *sentiment de peur et d'angoisse*. L'enfant semble pétrifié par la crainte, le personnage identifiant peut être aux caractéristiques géantes et toutes-puissantes. L'impression de menace et d'insécurité règne sur l'harmonie globale du dessin. Le niveau d'estime de soi de l'enfant est bien souvent faible.

Il nous semble important de souligner que l'agression elle-même n'est jamais, ou très rarement, représentée telle quelle. Elle relève à un tel point de l'impensable qu'il est douloureux pour l'enfant victime de la dire ou de l'écrire avec les mots exacts. Ainsi, « même dans ce cadre du "témoignage graphique", le dessin demeure une fantaisie qui offre de petits accommodements avec le réel » (Cognet, 2011,

p. 64). De plus, l'émotion apparaît tellement envahissante que la logique conceptuelle s'en trouve elle aussi perturbée. Le dessin de famille est dans ce cas le miroir du choc émotionnel perçu, il présente tous les sentiments mélangés entre eux, allant de la colère à la douleur, du plaisir à la honte, de l'étonnement au traumatisme.

CHAPITRE 5

Le dessin de l'arbre

I L'ARBRE : OBJET SYMBOLIQUE DE LA CONSTRUCTION PSYCHIQUE

L'arbre et le végétal précèdent l'existence de l'Homme, ils possèdent dans toutes les sociétés une symbolique de vie, de fertilité et d'évolution que chacun respecte, voire même vénère.

1 L'étymologie de l'arbre

Du latin *arbor-oris*, le mot « arbre » tient pour racine commune *arborare*, indiquant le mouvement, l'élévation vers le ciel, la droiture. L'arbre donne à voir, son arborescence fait splendeur et rappelle par sa verticalité celle du développement humain. L'arbre représente l'évolution de l'Homme, mais sa longévité sous-entend une sagesse par le temps de présence à observer les êtres humains, ce qui lui confère un statut privilégié. L'arbre est aussi aux origines de la vie, il permet la respiration ainsi que la satiété par les fruits qu'il fournit. En ce sens « l'arbre est un symbole bipolaire aussi bien phallique dans sa verticalité aussi bien que maternel avec sa frondaison et les fruits qu'il porte » (Mercier, 2001, p. 64).

En ce sens, l'arbre protège l'individu, il peut, en plus de le nourrir, l'abriter, lui fournir une habitation (le nid pour les oiseaux, le trou dans son tronc pour les écureuils, la cabane haut perchée éloignée des prédateurs terrestres). Avec son bois, l'être humain peut se chauffer, peut bâtir et créer de nombreux outils. Précédant l'homme, il n'en est pas moins son accompagnateur et le témoin d'une existence mortelle. Qui n'a pas fait trace de son passage sur terre en gravant sur l'écorce de l'arbre un cœur réunissant deux prénoms ? Trace qui s'élève avec le tronc grossissant.

Autant la maison possède une symbolique maternelle, autant l'arbre prend une valeur masculine, par son déterminant et par sa verticalité phallique. Il représente alors la force, la virilité, il est vigoureux et protecteur telle l'image du père symbolique, force tranquille, apaisante et rassurante. L'arbre se dresse droit vers le ciel et prend sa source dans la terre nourricière par ses racines. Il sert ainsi d'intermédiaire entre les sommets célestes et les profondeurs abyssales. L'arbre possède cette valeur médiatrice entre la terre et l'air, entre la source et la transmission.

> Ancré dans la terre mère par ses racines, il est à ce niveau mélange indéterminé de matière et de vie (...). Notons que la racine marque le tout début d'une vie, la première étape de l'actualisation (...). La racine de par son appartenance à la vie souterraine et cachée et de par ses liens avec le thème de la naissance et le mystère qui l'entoure est la représentation symbolique de ce qui est en l'homme le plus profond : l'inconscient.
>
> G. Fromont, « La symbolique de l'arbre », in R. Stora *et al.* *Le Test de l'arbre*, 1978, p. 203.

Dans sa stricte valeur anthropomorphique, l'arbre est comme le corps humain, qui puise son origine dans des profondeurs inconscientes, qui développe une structure lui permettant une assise dans la vie, qui va être influencée par les différents événements de la vie qui le voûtent, le rigidifient ou laissent son empreinte dans son corps, le tronc. De plus, avec ses ramifications, l'arbre va représenter le pouvoir actif de l'être humain, tels des bras, le branchage fait de l'ombre, permet l'enfeuillage et la floraison.

> Sans doute trahit-il chez celui qui dessine un arbre la représentation qu'il se fait de son corps et de l'image qu'il donne de sa vie (...). Le tronc véhicule la sève vers les régions supérieures, il joue le rôle d'organe, il est (...) médiateur entre le monde sensible et celui des idées.
>
> G. Fromont, « La symbolique de l'arbre », in R. Stora *et al.*, *Le Test de l'arbre*, *op. cit.*, p. 204.

L'arbre transcende les nuages et symbolise alors la vie intellectuelle et spirituelle. Cette élévation traduit le mouvement « de l'âme et son effort vers la connaissance » (Fromont, 1978, p. 204). La notion d'aboutissement, de réalisation de soi se retrouve dans l'ascension vertigineuse de l'arbre. D'après l'image que suggère l'arbre sur des fondements étymologiques, il apparaît qu'il constitue, tout comme la maison, le bonhomme ou la famille, une véritable image projective dans laquelle le sujet peut à la fois faire référence à ses identifications mais également représenter ses désirs inconscients. « Dans le domaine du dessin, l'arbre tout en étant une image familière ne renvoie pas à un contenu trop proche, surdéterminé, trop riche comme ce pourrait être le cas dans le dessin d'un animal », par exemple (Fromont, 1978, p. 201).

2 L'importance de l'arbre dans les sociétés

> Les hommes dans leur besoin infernal de croire s'inventèrent selon les temps aussi, selon les lieux, une manière de vivre et de comportement. Ils sacralisèrent ce qui les dépassait, l'arbre fut de ceux-ci. L'arbre dont la tête du ciel était voisine et dont les pieds touchaient à l'empire des morts. L'arbre fut reconnu non pas comme végétal mais comme une entité dénotant un symbole. Les hommes le vénérèrent, en prirent soin, l'assimilèrent à l'un des leurs avec ses bras tendus comme une invocation.
>
> D. de Castilla, *Le Test de l'arbre, relations humaines et problèmes actuels*, 2000, p. 5.

L'arbre possède donc une valeur retenue par les croyances populaires et les religions, où d'ailleurs différentes plantes prennent des symboliques de prédication de bonheur ou de malheur. Les arbres ont de tout temps été adorés et cette vénération a été mentionnée dans les premiers écrits classiques ou bibliques. Pour exemples, nous pouvons citer la fête juive de *Tou Bichvat*, le nouvel an des arbres, qui célèbre le renouveau de la nature, ou encore, dans une autre culture, saint Louis rendant justice sous un chêne, symbole de puissance et de sagesse, puis également dans cette coutume païenne reprise par le christianisme à Noël d'accrocher des prières au sapin, dont les épines ne tombent pas pendant l'hiver.

Le chêne, que les Romains associaient à Jupiter, dieu du tonnerre, était également assimilé au dieu de la foudre chez les Germains. Pour les Germains et les Scandinaves, le frêne est l'arbre fondateur. Il supporte la voûte céleste et prend racine dans la Sagesse. Sous ses trois racines se trouvaient les différents mondes, « on disait que trois puits gisaient à son pied », symbolisant respectivement la sagesse, le destin et la source des rivières (Crews, 2003, p. 37). Les Slaves attribuent au même frêne le pouvoir de repousser les serpents : on peut se reposer dans son ombre sans crainte. Certaines croyances perdurent encore aujourd'hui telles que, par exemple, toucher du bois, qui préserve du mauvais sort.

La mythologie n'est pas en reste puisque chaque divinité se voit attribuer une symbolique végétale. Ainsi, Artémis, déesse de la Lune et de la faune sauvage, trouve une correspondance dans l'épicéa, arbre de la naissance ; le figuier est l'arbre de Dionysos, dieu de la fécondité ; le myrte est dédié à Aphrodite pour ses vertus enivrantes ; ou encore l'olivier, que l'on retrouve dans la Bible et dans le Coran, arbre d'Athéna, symbole de chasteté et de pureté de l'âme, dont les rameaux forment les couronnes des vainqueurs aux jeux d'Athènes, etc.

L'arbre dans l'ensemble des cultures symbolise le dynamisme, la vie et la fertilité. « L'arbre qui se dépouille et qui se reverdit ne fait que semblant de mourir et devient par ces répétitions le symbole même du dynamisme » (De Castilla, 2000, p. 6). Il semble éternel par sa robustesse et est par conséquent le spectateur de la vie humaine. « Ayant une durée de vie beaucoup plus longue que celle d'une personne, ils sont perçus comme étant éternels » (Musselman, 2003, p. 46). Il est celui que l'on protège parce qu'il est âgé, celui auquel on s'enchaîne pour ne pas le couper, celui également qui renaît chaque printemps après la rudesse hivernale. Finalement, la vie d'un arbre représente celle de l'humanité. D'un arbre planté, des branches pousseront, des graines essaimeront et créeront les forêts, tout comme les peuples se sont constitués. Les sociétés judéo-chrétiennes ont associé l'arbre à la vie spirituelle et à la réflexion philanthropique.

3 La projection de soi dans le dessin de l'arbre

Le dessin de l'arbre, symbole tour à tour de nombreuses valeurs de l'existence, est une épreuve projective dans laquelle entrent en compte de multiples traits de personnalité. La projection porte à la fois sur le développement du sujet lui-même dans un contexte qui lui est spécifique mais aussi sur les caractéristiques propres à l'espèce humaine, son évolution. Le test du dessin de l'arbre s'adresse à des enfants comme à des adultes qui peut-être auront davantage de facilité à produire un arbre symbole de leur existence plutôt qu'une maison ou un bonhomme et sa famille. Toutefois, le dessin de l'arbre chez l'enfant ou l'adolescent nous fournira un nombre important d'informations, notamment en relation aux différents événements de vie et traumatismes de la trajectoire individuelle.

> Ce qui est essentiel c'est qu'un matériel donné, ici le thème de l'arbre, est structuré par le sujet en fonction de son individualité. Un processus intérieur est transféré à l'extérieur où il reçoit sa forme (Koch, 1958). L'arbre est une épreuve privilégiée en ce qui concerne la saisie des aspects profonds de la personnalité pour deux raisons. D'une part, les associations conscientes fournies par le sujet à propos de l'arbre sont plus rares que celles fournies par d'autres tests ou thèmes (maison, personne). D'autre part, les sujets ont moins tendance à faire jouer leurs défenses vis-à-vis de l'arbre ; dans chaque détail le dessin d'arbre porte la marque de la vie émotionnelle du sujet.
>
> L. Fernandez, *Le Test de l'arbre. Un dessin pour comprendre et interpréter*, 2008, p. 11-12.

Le dessin de l'arbre a ceci de particulier qu'il est une transposition de ce que le sujet pense être intimement en fonction du regard social et de l'idéal du moi auquel il s'identifie. Tout l'aspect inconscient est mis à nu par l'intermédiaire du dessin de l'arbre. Chez le jeune enfant, la structure défensive sera moins figée et rigide, mais elle pourra cependant être perçue telle une tendance constructive identitaire. Chez l'adolescent, les défenses exacerbées semblent traduire l'adulte de demain avec ses éventuels dysfonctionnements qui pourront être travaillés, discutés, échangés afin de favoriser l'efficacité du système défensif dans une approche dynamique de l'individu. C'est toute la rigidité fonctionnelle qui sera exprimée à travers le dessin de l'arbre.

Comme pour tout dessin, une lecture selon la localisation de l'arbre pourra être envisagée. D'après les travaux de Koch (1949) et de Pulver (1953, cités par Fromont, 1978) à propos du symbolisme de l'espace dans nos sociétés occidentales où l'écriture va de la gauche vers la droite, un schéma spatial a été dégagé favorisant la lecture de tout dessin. La partie gauche de la feuille est traditionnellement plutôt associée aux éléments du passé, à l'enfance. Un sujet qui dessine ainsi un arbre selon cette localisation pourra montrer un désir régressif, de recherche affective liée au bien-être introspectif du passé, alors que la localisation sur la droite de la feuille témoignera d'une tension de soi vers l'avenir, vers l'évolution, vers le devenir. Les quartiles de la feuille se déclinent également selon la partie haute et la partie basse de la feuille : le haut symbolise davantage, concernant l'arbre, les aspects spirituels et intellectuels, tandis que le bas fait plutôt référence aux racines, à la généalogie du sujet.

La couleur prendra valeur expressive dans le dessin d'arbre. Chez l'enfant jusqu'à 8-9 ans, il n'est pas rare d'observer des couleurs non réalistes de l'arbre, cela fait partie du développement normal de l'enfant et n'est aucunement associé à une quelconque pathologie. On observe généralement à partir de l'âge de neuf ans une préférence pour les couleurs vives, chaudes, avec une période dans le dessin d'arbre où le feuillage automnal est presque systématique. Cela correspond à une possibilité d'expression et d'affirmation de soi par des couleurs vives où l'affect de la pulsion peut être accepté socialement dans le dessin.

La période de la prime adolescence prépare au passage adulte. Selon les auteurs, les filles auraient tendance à privilégier le bleu avant de passer au vert pour le feuillage, tandis que les garçons prolongeraient davantage leur expression pulsionnelle par l'utilisation du jaune et de l'orangé (Fernandez, 2008). Au moment de l'adolescence, le dessin de l'arbre voit une modification au niveau des couleurs, il devient moins coloré, moins impulsif, et prend une couleur traditionnelle verte pour son feuillage. Les premiers éléments de l'habitude fonctionnelle se mettent en place. Les couleurs semblent par la suite revêtir leur symbolique traditionnelle, définie par chaque société.

Ces éléments à propos des couleurs ne constituent pas en soi des pistes interprétatives ; en effet, il serait abusif d'établir un diagnostic psychologique à partir de la simple utilisation de couleurs dans le dessin d'arbre. Au contraire, la connaissance de cette évolution dans l'usage des couleurs chez l'enfant et l'adolescent incite à la prudence et au recul réflexif dans toute tentative spontanée d'interprétation. Il en va de la même vigilance à propos des symboliques relatives à chaque espèce d'arbre. Effectivement, chaque plante possède une valeur symbolique et par conséquent historique issue des légendes, de la mythologie, des croyances et des religions. Autant, chez certains adultes, cette symbolique est connue et peut donc orienter le dessin d'arbre produit, autant, chez l'enfant ou l'adolescent, il serait erroné d'assimiler la personnalité du sujet à la valeur traditionnellement attribuée à une espèce d'arbre.

II LE TEST DE L'ARBRE SELON LA MÉTHODE DE STORA

C'est en 1975 que Renée Stora a proposé une méthode et un protocole de passation concernant le dessin de l'arbre. Son travail est inspiré de plusieurs études, notamment celle de Jucker en 1928 (cité par Fromont, 1978), qui suggérait l'utilisation du dessin de l'arbre dans le soutien psychologique, et des écrits de Koch en 1949 et 1959 sur le symbolisme de l'arbre et l'aspect projectif du dessin. La technique interprétative évoquée par Stora (1975) est fort détaillée, il convient par conséquent de se référer à son ouvrage afin d'obtenir l'ensemble des éléments permettant la compréhension du dessin de l'arbre en qualité de test projectif.

1 La technique de passation

Comme pour chaque épreuve graphique, le matériel nécessaire est on ne peut plus simple, il s'agit donc d'avoir à disposition de l'enfant ou de l'adolescent des feuilles de papier blanc présentées dans le sens de la hauteur pour le dessin de l'arbre, un crayon à papier pour les adolescents ou les adultes, sachant qu'avec les enfants ou les plus âgés, les feutres ou crayons de couleur peuvent également être utilisés, favorisant l'expression pulsionnelle dans le dessin. La passation suggérée par Stora (1975) comprend plusieurs étapes, il est donc nécessaire que le même matériel de dessin soit conservé d'une étape à une autre afin de permettre les comparaisons de traits notamment. La consigne de la première étape est formulée à l'enfant ou l'adolescent : « Dessine un arbre, n'importe lequel, comme tu veux, mais pas un sapin. »

> Le sapin est exclu en raison de sa forme régulière qui permet de reproduire une sorte de stéréotype trop familier à l'œil de l'enfant qui l'a si souvent vu sur des livres d'images ou découpé au moment de Noël.
>
> A. Muel, « La technique d'application selon la méthode de Renée Stora », in R. Stora *et al.*, *Le Test de l'arbre*, 1978, p. 71.

Au dos de la première feuille, il est demandé à l'enfant d'inscrire son prénom et le chiffre 1. On passe alors à la seconde étape du test, en veillant à ce que la première feuille soit retournée et non visible de l'enfant ou de l'adolescent afin que la première image ne serve pas de modèle à la seconde. Une nouvelle feuille blanche est proposée, toujours dans le sens de la hauteur. La consigne est cette fois : « Dessine un autre arbre, n'importe lequel, comme tu veux mais pas un sapin. »

> Il faut éviter le mot « encore » qui imposerait une idée de répétition et engagerait à la reproduction du premier arbre. Le mot « autre » introduit l'idée d'une différence sans la préciser clairement. Il sera entendu ou non devenant ainsi un élément d'appréciation.
>
> A. Muel, « La technique d'application selon la méthode de Renée Stora », in R. Stora *et al.*, *Le Test de l'arbre*, *op. cit.*, p. 71-72.

À nouveau, l'enfant ou l'adolescent indiquera son prénom au dos de la feuille en y ajoutant le chiffre deux. Une nouvelle feuille blanche sera présentée à l'enfant, la seconde sera à son tour retournée pour ne plus être visible du sujet. Le sens de la hauteur est une fois de plus privilégié. Ici, la consigne est modifiée, où il est demandé au dessinateur : « dessine un arbre de rêve, un arbre de ton imagination, qui n'est pas dans la réalité, dessine-le comme tu veux ». Si l'enfant sait écrire, on lui propose à la fin de son dessin d'écrire au dos de la feuille son prénom et le chiffre trois accompagnés des raisons justifiant pourquoi son troisième arbre est irréel. Il doit ainsi répondre à la question : « En quoi cet arbre est un arbre de rêve, en quoi il ne peut exister dans la réalité ? » Il semblerait que « le troisième arbre est généralement plus grand et plus épanoui que les précédents car le sujet y projette ses aspirations conscientes et inconscientes, son besoin de réussite et d'affirmation » (Castilla, *op. cit.*, p. 20).

Enfin, dans une dernière étape du test, on présente une quatrième feuille avec la consigne suivante : « Dessine un arbre, n'importe lequel, comme tu veux, mais en fermant les yeux. » Tout au long de la passation, les réactions et commentaires de l'enfant seront repérés. Toute la gestuelle témoignant d'une hésitation, d'un temps d'arrêt, d'une hyperactivation ou encore d'un envahissement émotionnel sera notée, relativement à la partie de l'arbre produit. Il est nécessaire également pendant la passation du test de l'arbre de rassurer l'enfant ou l'adolescent qui peut se trouver déstabilisé par les consignes successives.

Chaque étape du test possède une valeur significative. Le premier moment permet d'observer les capacités adaptatives de l'enfant face à une consigne non habituelle ainsi que ses structures défensives dans sa relation à l'adulte. Cet arbre représente par conséquent les attitudes sociale et scolaire de l'enfant. Bien souvent pour le premier arbre, l'enfant va faire un effort important de contrôle de ses affects et de ses pulsions. Le second dessin présenté avec une consigne identique permet un relâchement de la maîtrise de soi et l'expression de soi plus naturelle, moins défensive. Une forme d'habituation semble s'effectuer entre ces deux étapes du test. Il semble que ce soit le moi intime qui soit alors produit sur le papier. Le moment relatif à l'arbre imaginaire favorise le repérage des insatisfactions du sujet et permet une plus large expression des désirs inconscients.

Enfin, le dernier arbre est celui où les conflits de l'enfance peuvent s'exprimer, où la trace cicatricielle laissée par les événements et les traumatismes pourra le mieux s'exprimer. L'interprétation des quatre dessins d'arbre fournira des éléments quant aux oppositions et contradictions du sujet. Celui-ci y manifestera à la fois sa rigidité fonctionnelle, sa résistance, sa structure défensive, ses désirs inconscients mais aussi la perception qu'il a de lui-même dans l'instant présent. La personnalité est ici évaluée selon une approche dynamique prenant en compte à la fois les caractéristiques identitaires passées, mais également les aspects actuels du sujet.

2 La technique d'interprétation

L'interprétation des dessins sera toujours un croisement d'observations portant tant sur chaque dessin lui-même que sur l'acceptation des consignes par l'enfant, ses réactions, la réalisation de ses dessins et l'entretien qui suivra le test. De plus, entre deux dessins, il est nécessaire d'établir des comparaisons afin de noter les modifications, les changements adaptatifs de l'enfant. Les caractéristiques du tracé et du trait seront reprises telles que décrites dans le premier chapitre, puis les détails de chaque arbre feront l'objet d'une attention particulière. Fernandez (2005, p. 16) suggère un protocole interprétatif en 16 points. 1. *La localisation de l'arbre* sur la feuille selon la symbolique spatiale développée par Pulver (1953) ainsi qu'éventuellement le cadre environnant de l'arbre dessiné (par exemple un paysage, des maisons, etc.).

> On peut affirmer avec certitude que les zones inférieures du dessin de l'arbre symbolisent les couches primitives, les zones supérieures les couches chronologiquement postérieures; en outre, que l'originel, le primitif, l'inconscient soit situé en bas et le conscient, le différencié, en haut est très riche de signification (Koch). Cette technique considérée seule n'est pas suffisante

> pour une analyse complète du caractère, mais associée à d'autres tests elle révèle souvent des faits très frappants qui peuvent aider sur plus d'un point à la compréhension du contenu d'autres tests.
>
> D. de Castilla, *Le Test de l'arbre, relations humaines et problèmes actuels*, *op. cit.*, p. 9.

2. Pour un adulte, *l'espèce de l'arbre représenté avec sa symbolique.* Cette observation nécessitera une grande prudence, notamment avec les enfants et les adolescents. 3. *Les racines* de l'arbre (visibles, épaisses, en vermicelle, profondes, absentes, etc.).

> Les racines sont la source de stabilité de l'arbre. Elles refléteraient des sentiments ayant un rapport avec la sécurité, la recherche d'appui, l'instabilité et le contact avec la réalité. Elles renverraient à la primitivité du Moi, à l'assujettissement, à l'instinct, aux pulsions et à l'inconscient. Elles indiqueraient la liaison avec la terre, l'enracinement et un certain conservatisme. Elles pourraient aussi être le reflet d'une certaine lenteur, lourdeur, inhibition et d'immobilisme.
>
> L. Fernandez, *Le Test de l'arbre. Un dessin pour comprendre et interpréter*, *op. cit.*, p. 17.

4. La représentation du *sol et de la ligne de sol* tracée en fonction de l'âge du sujet examiné. Il s'agit d'une étape développementale traditionnelle au cours de laquelle l'enfant prend appui sur un trait pour indiquer sa perception du réel, son équilibre affectif et ses facultés adaptatives. 5. Le passage des *racines au tronc*, sa base (à noter par exemple toutes les ruptures entre le monde des racines et le monde visible du tronc).

6, 7 et 8. *Le tronc* lui-même avec son apparence, sa surface, les traits de son contour. Par sa verticalité, le tronc symbolise la stabilité et la puissance du Moi. Un tronc noueux et tortueux serait la transcription d'une vie torturée au plan psychique. C'est l'ensemble qui constitue le caractère de l'enfant ou de l'adolescent qui est représenté par le tronc. Il est également important de considérer le trait servant de contour au tronc, autrement dit son écorce, celle qui permet la protection du Moi intime et celle qui absorbe les premiers chocs dans la confrontation avec l'extérieur. Certains enfants auront tendance à bien délimiter le tronc de l'arbre dessiné au feutre noir, traduisant par là leur besoin d'épaisseur afin de se protéger du monde environnant.

9. *Le branchage* de l'arbre comprenant la forme des branches, leur superficie sur la feuille, les proportions avec les autres éléments de l'arbre. Les branches sont, au niveau anthropomorphique, ce qui fait office de bras pour l'arbre, il s'agit donc ici de ce qui permet le mouvement, la préhension, en d'autres termes, l'organisation de la personnalité.

> Les branches convenablement formées suggéreraient une souplesse normale et une adaptation satisfaisante. Elles refléteraient aussi la capacité ou le désir de se développer psychologiquement et socialement. Les branches peuvent représenter symboliquement un état d'esprit, des modes d'interaction avec l'environnement. Naturellement elles tendent les bras à l'environnement aux contacts en direction des aspirations.
>
> L. Fernandez, *Le Test de l'arbre. Un dessin pour comprendre et interpréter*, *op. cit.*, p. 18.

10 et 13. Tous les traits repassés, nommés par Stora *les noircissements* (nœuds et épaisseur dans le tracé) et leur localisation sur l'arbre, ainsi que les ombres et les colorations plus marquées. 11, 12. *Les feuilles de l'arbre*, leur forme (arrondie, pointue, fine, spacieuse, etc.), la présence de fleurs, de fruits, etc., ainsi que l'allure générale de l'arbre ou sa frondaison, ce qui couronne le feuillage. La hauteur du feuillage, associée aux aspirations cognitives du sujet, sera également prise en compte. 14. L'ensemble des éléments anodins et distinctifs qui se dégagent du dessin comme, par exemple, les accessoires surajoutés venant masquer la réalité de la personnalité de l'enfant ou encore les modifications de thème dans le dessin ainsi que tous les éléments donnant vie aux objets. 15. Toute *liberté face à la consigne* allant du refus à la multiplication des arbres sur chaque feuille. 16. Le calcul de l'*indice de Wittgenstein*, qui permet de dater les passages douloureux et les conflits psychiques selon les périodes de la trajectoire identitaire.

> À l'aide cet index, il est possible de formuler des hypothèses concernant la date de survenue d'événements ayant valeur trau-

matique pour la personne ainsi qu'une estimation de leur éventuelle durée. Les données obtenues ont une valeur indicative.

B. Fromage, *L'Épreuve des trois arbres*, 2011, p. 169.

Enfin, c'est tout ce qui fait référence à la projection qui sera repéré dans les dessins d'arbre de l'enfant ou de l'adolescent, afin d'en faire des hypothèses cliniques qui favoriseront la mise en travail du sujet dans la compréhension de ses fonctionnements psychiques.

III LE DESSIN DE L'ARBRE DANS L'APPROCHE PSYCHOPATHOLOGIQUE

Lorsqu'on utilise le dessin au cours de l'examen psychologique de l'enfant ou de l'adolescent, il apparaît que le test de l'arbre soit un outil apportant de nombreuses informations dans le domaine de la psychopathologie. Les diverses altérations du fonctionnement psychique ont été étudiées par de nombreux auteurs et il ressort de ces recherches que l'arbre peut prendre des caractéristiques spécifiques en fonction des pathologies. Bien évidemment, il ne s'agit pas ici d'établir des règles généralisantes à propos du dessin, mais d'entrevoir quelques éléments qui pourront orienter dans l'interprétation et, par conséquent, dans la prise en charge thérapeutique de l'enfant ou de l'adolescent.

1 Les déficiences intellectuelles et le dessin de l'arbre

Les déficiences d'ordre intellectuel « correspondent à une insuffisance de l'équipement mental à la naissance ou dans les années qui la suivent » (Bénony, 1998, p. 75). Il s'agit de ce que l'on nommait dans les années soixante-dix la débilité mentale, puis plus récemment l'arriération mentale, que l'on préfère aujourd'hui appeler la déficience. Les enfants ou adolescents présentant une déficience intellectuelle vont généralement produire un arbre caractéristique. On constate fréquemment l'absence d'une ligne de sol dans le dessin témoignant d'une difficulté de connexion à la réalité, le tronc de l'arbre et ses branches sont souvent composés d'un trait unique, le volume indiquant la notion de contenance est absent du dessin.

On peut également noter des arbres disproportionnés dans l'assemblage de leurs différents éléments (tronc et feuillage par exemple), ou dans leur positionnement sur la page (débordant du cadre de la feuille ou à l'inverse complètement « ratatinés ») et très rarement centrés. Selon De Castilla (2000, p. 45) les formes sont pauvres et infantiles, le tracé est fruste et maladroit et les stéréotypies sont nombreuses. On peut enfin constater des troncs courts mais épais ou alors des troncs coniques qui semblent marquer les difficultés d'appréciation de soi et d'articulation au monde réel environnant.

2 L'arbre chez l'enfant psychotique

La classification des psychoses est large et multiple, toutefois, par l'intermédiaire des travaux de Klein (1961), on peut observer les stades évolutifs du psychisme de l'enfant psychotique.

> Les psychoses seraient ainsi des échecs de la toute première évolution : l'enfant en serait resté à un stade d'indifférenciation d'avec son milieu extérieur : sa personnalité n'est pas complètement formée ; il y a une indistinction du Moi et du non-Moi.
>
> G. Besançon, *Manuel de psychopathologie*, 2005, p. 203.

Différents traits de l'arbre ont été repérés en fonction du type de psychose développé par l'enfant ou l'adolescent. Les formes manquent généralement d'authenticité, ce qui signifie la rupture d'avec la réalité. Lorsque la *psychose présente un caractère maniaco-dépressif*, les arbres dessinés semblent être typiques de l'état mélancolique. Les traits ondulés et filandreux sont nombreux (les racines, les branches). Le tronc est souvent interrompu, il peut même disparaître du dessin, débutant par deux simples traits qui se rejoignent et n'en forment plus qu'un, et se terminant comme une simple ficelle.

Les appuis sur le sol sont faibles et il arrive parfois que l'arbre soit même déraciné du sol, semblant flotter dans l'espace de la feuille. Les branches de l'arbre sont souvent tombantes et les traits du dessin sont tremblés ou repassés à plusieurs reprises. Fréquemment on note des effets de l'état maniaque dans l'arbre se traduisant notamment par un arbre fleuri avec des disproportions entre le volume du feuillage et celui des fleurs, qui sont presque envahissantes, ou également par des arbres chargés de nombreux nids d'oiseaux, eux aussi présentant un caractère débordant. L'abattement et l'hyperactivité se côtoient dans l'harmonie d'ensemble du dessin de l'arbre.

Les tendances schizoïdes décelées chez les adolescents vont être montrées dans le dessin de l'arbre par de l'ambivalence, des troubles affectifs simultanément à un repli sur soi et une attitude d'isolement. Stora (1978) repère essentiellement des lésions ou des mutilations dans le tronc ainsi que des arrachements également observables au niveau des branches, une dysharmonie d'ensemble et de multiples déformations des parties de l'arbre. Les rameaux des branches sont souvent excessivement longs et les branches elles-mêmes sont composées de beaucoup de sous-divisions. Les éléments de perspective témoignent de bizarreries dans le dessin, les incohérences sont donc nombreuses. Le caractère fantastique et irréel du dessin est courant en situation de schizophrénie. Un trait caractéristique est celui de l'arbre à deux troncs, ou encore l'arbre après la foudre dont il ne reste qu'un tronc brûlé scindé en deux parties.

La tendance paranoïaque, que l'on voit plus chez les adolescents plus âgés, témoigne dans le dessin de l'arbre de délires. L'agressivité relative au sentiment de persécution est latente dans le dessin avec l'utilisation de couleurs vives orientées vers le rouge et non conformes à la réalité. La présence de sang peut également être notée dans cette situation, avec parfois des branches qui saignent, des troncs éventrés et souvent tortueux, complexes. Les mécanismes défensifs sont d'une rigidité extrême, l'écorce du tronc de l'arbre en est fréquemment le témoignage lorsqu'elle est repassée, noircie et accentuée par le feutre noir. L'arbre dans sa globalité est soit de très petite taille, montrant un net sentiment d'infériorité, soit de taille exagérée, signifiant l'exaltation et l'éloignement d'avec le monde réel.

Les délires et les hallucinations indiquant la mise en place de la structure psychotique vont être transcrits dans le dessin de l'arbre par une expansion conséquente du tronc d'arbre. Régulièrement, le tronc est fermé par des traits épais et il n'est pas rare que les branches soient absentes ou dénudées de feuilles ou encore pointues. De Castilla (2000) classe parmi les psychoses imaginatives chroniques *l'hypocondrie*, où « le sujet se croit atteint de troubles de santé qui n'ont pas un fondement organique réel » (*op. cit.*, p. 140). L'arbre, reflet de la personnalité de l'adolescent, est souvent maladif ou parfois habillé (par exemple avec une écharpe) afin de ne pas attraper froid.

3 Les troubles névrotiques chez l'enfant et le dessin de l'arbre

Les troubles névrotiques chez l'enfant se manifestent par l'intermédiaire de symptômes répertoriés du point de vue clinique tels que les attitudes hystériques, l'angoisse, les obsessions et les phobies ainsi que de nombreuses inhibitions. « La définition du fonctionnement névrotique se fait par rapport à une évolution chronologique » (Besançon, 2005, p. 218). Il s'agit ici de faire la distinction entre une attitude symptomatique occasionnelle ou la mise en place d'une structure de personnalité névrotique. Le système de réalité de l'enfant n'est pas altéré à la différence de la structure psychotique.

L'angoisse névrotique se manifeste chez l'enfant par des somatisations, des passages à l'acte d'évitement ou d'agression et peut amener à un état dépressif précoce. L'enfant ou l'adolescent dépressif traduit son état psychique par de petites dimensions dans son dessin d'arbre, l'absence de ligne de sol, par un tronc constitué d'un unique trait avec peu d'éléments complémentaires et décoratifs et comprenant fréquemment un feuillage aux caractéristiques tombantes. Dans le dessin de l'arbre, l'angoisse se traduira souvent par des déformations au niveau de sa structure. Les racines sont généralement visibles, constituées d'un trait unique ou trait vermicelle mais plutôt allongé, souvent disproportionnées par rapport aux autres éléments de l'arbre.

On trouve également régulièrement des arbres dont les branches sont dessinées perpendiculairement au tronc accentuant l'aspect anthropomorphique de l'arbre. La ligne de sol est soit manquante, donnant ainsi une impression de flottement de l'arbre, soit repassée et noircie par un trait épais. L'arbre est très fréquemment dessiné dans la partie gauche de la feuille, faisant référence à la dimension régressive passée. Le nombre de noircissements et de traits retouchés témoigne du niveau d'angoisse et d'anxiété de l'enfant. La passation du test peut susciter chez l'enfant ou l'adolescent un envahissement émotionnel se traduisant parfois par une crise d'angoisse, une sensation d'étouffement ou des spasmes.

Lorsque la tendance névrotique se manifeste chez l'enfant par des aspects *obsessionnels*, il semble que l'arbre soit plutôt de petite taille, tordu, sans racine et consciencieusement fermé en bas du tronc. La répétition « de petits traits, de cercles », etc. indique la persévération du sujet (De Castilla, 2000, p. 140). On retrouve aussi de nombreux croisements dans les branches, des oppositions qui seraient l'expression de l'obsession. Le caractère obsessionnel sera essentiellement observé dans la réalisation du test de l'arbre par le canal des comportements de l'enfant ou de l'adolescent.

> Elles (les obsessions) entrent dans le contexte de la pathologie par leur caractère contraignant et par la souffrance psychique qui les accompagne. Il peut s'agir d'enfants qui ont un besoin extrême et compulsif d'ordre, de méticulosité. Dans un registre idéatif on peut rencontrer chez eux des tendances à la scrupulosité, aux auto-reproches, des idées fréquentes concernant la mort ou la maladie, contre lesquelles ils essaient de lutter par des rituels.
>
> G. Besançon, *Manuel de psychopathologie*, *op. cit.*, p. 221.

Peu d'études ont porté sur *les phobies* et le dessin de l'arbre. Chez l'enfant, des périodes phobiques font partie du développement traditionnel (allant de la peur du noir vers l'âge de deux ans, à la peur de l'animal plus tard). On parle beaucoup aujourd'hui de la phobie scolaire, qui semble se développer entre 5 ans et 13 ans. Au niveau clinique, les auteurs ne sont pas parvenus à un consensus analytique. Toutefois l'hypothèse de la relation à la mère et de l'angoisse de séparation est souvent avancée. À propos du dessin d'arbre, les chercheurs semblent s'accorder sur un point unique, celui du positionnement de l'arbre, qui reste généralement sur le côté gauche de la feuille, traduisant le fait que la cause de la phobie se situe dans les relations ou les perceptions du passé.

Chez l'enfant, il demeure délicat de poser le diagnostic de *l'hystérie*. On remarque cependant une symptomatologie commune aux manifestations hystériques adultes telle que « les tendances au théâtralisme, à la suggestibilité, à la dépendance à l'entourage, à l'hyperémotivité, au besoin de séduction » (Besançon, 2005, p. 219). L'arbre représenté sera généralement de très grande taille, le feuillage sera constitué de fleurs et de fruits, et il n'est pas rare d'observer la présence d'ombre au niveau du tronc, que l'on exprimerait dans un test projectif par de l'estompage.

4 Le dessin de l'arbre et les déséquilibres psychiques

Tout ce qui a trait à la difficulté relationnelle va être perçu dans le dessin de l'arbre. Par exemple, *l'immaturité affective*, provoquée notamment par une éducation rigide et faite de frustrations, ou, à l'opposé, une éducation surprotectrice risquent de provoquer un manque d'autonomie et de nombreuses inhibitions chez l'enfant. On notera alors dans le dessin la base de la feuille comme support de l'arbre, de multiples formes répétitives, des branches composées d'un trait unique et de nombreuses maladresses graphiques ne correspondant pas aux capacités motrices relatives à l'âge du sujet.

Il semble, selon les auteurs, que les *troubles du comportement* et les actes de délinquance soient repérables dans le dessin de l'arbre, notamment par des arbres non achevés auxquels des parties sont manquantes. L'aspect dysharmonieux constitue alors l'impression première. De la même façon, les *carences affectives précoces* sont observables en partie basse du tronc, avec souvent sur le côté gauche de ce dernier une écorchure ou parfois un départ de branche, avorté. Lorsque la relation précoce est instable, la base du tronc est généralement rétrécie relativement au reste de sa circonférence.

On le voit, l'arbre dessiné par l'enfant nous montre ses douleurs, ses aspirations et sa compréhension de sa propre trajectoire de vie. Le test de l'arbre proposé par Stora vient bien informer le clinicien lors de l'examen psychologique en ce sens qu'il évalue les différents dysfonctionnements psychiques. Il apparaît dans certaines situations que l'examen psychologique amorcera un accompagnement psychologique. Dans ce cas, l'objectif du dessin d'arbre sera le sens expressif favorisant la création de soi, et pourquoi pas l'organisation de l'enfant ou de l'adolescent en difficulté vers l'utilisation de comportements résilients de valuation, d'expression, d'humour, d'espérance, de défi, de positivité de soi, etc. (Vinay *et al.*, 2004).

CHAPITRE 6

Autres techniques utilisant le dessin

I AVANT-PROPOS

Ce chapitre, plus court que les autres, situé en dernière partie du présent ouvrage, a pour objectif d'ouvrir la pratique clinique de l'examen psychologique vers une autre utilisation de l'activité graphique, qui ne sera plus ici exclusivement d'évaluation mais plutôt libératrice d'expression favorisant l'échange, la confiance et la mise au travail chez l'enfant ou l'adolescent en situation difficile. Il nous semble en effet que, sans que cela constitue la seule technique de soutien psychologique, le dessin et les différentes techniques qui y sont associées possèdent de nombreuses valeurs allant dans le sens du sentiment d'existence et de réussite de soi. Dans certains cas, le dessin sera le passage obligé pour l'administration d'autres tests d'évaluation du fonctionnement psychique.

II LES MANDALAS

D'autres techniques peuvent être utilisées en fonction de ce que l'on souhaite favoriser chez l'enfant en situation de crise. Lorsqu'on se trouve face à un sujet instable, hyperactif, parvenant difficilement à se concentrer plus de dix minutes sur une activité ou pendant un entretien, il peut être opportun de lui proposer un coloriage de mandala. Un mandala est un dessin basé sur le déroulement concentrique. Le terme *mandala* désigne une image organisée autour d'un point central. C'est une manifestation symbolique du psychisme humain.

> Mandala (« cercle magique » en sanscrit) est un terme utilisé tantôt pour désigner toutes les représentations symboliques

> comportant un motif circulaire et tantôt pour désigner plus particulièrement ces formes circulaires, lorsqu'elles englobent une forme rectiligne. On rencontre des mandalas dans les productions de diverses cultures, remontant au moins jusqu'à la période paléolithique. On retrouve couramment ces formes dans les dessins d'enfants, surtout ceux de deux ou trois ans. Et c'est cela, de façon indépendante mais avec une force égale qui a frappé le spécialiste des rêves, Carl Jung, et celle qui étudiait les dessins d'enfants, Rhoda Kellog.
>
> H. Gardner, *Gribouillages et dessins d'enfants. Leur signification*, *op. cit.*, p. 53-54.

Le mandala possède une double efficacité : celle de conserver l'ordre psychique et celle de le rétablir s'il a disparu. Le rappel du centre, implicite à chaque instant du travail, unifie et rééquilibre. Le simple fait de se concentrer quelques instants sur le centre d'un mandala élimine la dispersion mentale. Il apparaît que ce type de forme soit représenté quelle que soit la culture d'appartenance, quel que soit le contexte. Gardner (1980, p. 56) parle d'une « part inconsciente commune à tous les humains ». Le cercle, le rond, est par définition ce qui origine la vie, ce qui unit la *psyché*. « Le mandala a donc la fonction d'un symbole réconciliateur... » (*id.*, *ibid.*).

Pour Jung (1964), le mandala favorise l'expression de l'identité du sujet qui est finalement commune à l'ensemble des êtres humains. Lorsqu'on propose à un enfant ou à un adolescent de colorier un mandala, cela vient dans l'immédiateté de la rencontre clinique estimée aléatoire et difficile pour une évaluation psychologique. Soit l'enfant est en situation d'insécurité relationnelle qui risque d'influencer à la baisse ses performances et la compréhension de consignes pour une épreuve donnée, soit il témoigne d'une agitation et d'un manque de concentration tels que lui faire passer un test apporterait des informations erronées ou faussées par sa dispersion.

L'activité de coloriage atténue la déstabilisation face à une consigne thématique de dessin, de plus, pour certains enfants, cela peut rappeler des consignes scolaires ne nécessitant pas une implication expressive directe. Le dessin concentrique va ainsi permettre à l'enfant ou à l'adolescent de se recentrer sur la tâche et par là même sur lui-même. Un apaisement est généralement observé, qui favorise un climat de confiance et de sécurité avec le psychologue. L'évaluation psychologique pourra alors commencer. L'utilisation du mandala dans le cadre de l'examen psychologique répond au principe suivant : perdre du temps, c'est souvent aussi en gagner.

LE COLLAGE THÉRAPEUTIQUE

Comme son nom l'indique, l'activité de collage possède une visée d'ordre thérapeutique. Elle peut être d'une grande aide lorsqu'un enfant présente des inhibitions ou des résistances dans l'échange avec le psychologue. L'observation de la réalisation du « dessin-collé » fournit un panel très large d'éléments concernant le fonctionnement du sujet et son système défensif. Le support pour l'expression de soi par la création peut varier. On peut aussi proposer à l'enfant ou à l'adolescent de découper des formes, des images, des couleurs pour en faire une création. Généralement on donnera un thème au sujet en fonction de l'expression de la situation qu'on souhaite voir exprimée par lui. À un enfant, il est possible de proposer le thème du bonheur, le thème de la joie, ou ce qu'il a envie de montrer de sa vie. On l'aide ensuite à découper si nécessaire, à coller s'il n'y parvient pas seul, mais jamais en lui indiquant le lieu de collage sur la feuille. On laisse l'enfant exprimer ce qu'il souhaite.

Avec l'adolescent, une séance de collage thérapeutique se déroulera autrement. À sa disposition se trouvent des catalogues, des journaux, des papiers de différentes couleurs, de différentes textures. On donne le thème que l'on souhaite travailler avec lui, par exemple son état actuel dans sa vie. L'adolescent a 20 minutes seul avec ses catalogues pour déchirer, couper, « chiner » tout ce qu'il souhaite, des images, des mots, etc. puis, avec l'aide du clinicien, on passe au collage réalisé sur un support du choix du jeune. L'agencement de la récolte est décidé par le sujet lui-même. Tout un discours s'élabore entre le psychologue et le sujet qui indique ce qu'il ressent, ce qu'il vit. À la fin du collage, on lui demande de commenter l'ensemble, afin de savoir ce qu'il en pense et ce qu'il éprouve.

Un titre peut également être demandé à l'enfant ou à l'adolescent à propos de son collage. La production est rangée dans une pochette avec la garantie qu'elle ne sera pas ouverte en son absence et qu'il peut venir à tout instant récupérer ses productions. Lors d'un entretien suivant, il est possible, si l'enfant le souhaite, de reprendre la production afin d'observer les effets qu'elle a eus au quotidien sur lui. Mais ce n'est pas obligatoire. Par le collage thérapeutique, l'entretien est amorcé et la mise au travail psychique et constructif de l'enfant peut alors être envisagée. Quelques semaines plus tard, il est possible de refaire une séance de collage thérapeutique sur le même thème, puis de comparer les deux productions afin de voir avec l'enfant ou l'adolescent comment il a évolué. L'intérêt majeur, nous semble-t-il, d'une telle technique de dessin repose sur le fait qu'elle s'inscrit dans une approche constructive de la réussite du sujet. Elle met en évidence pour l'enfant qu'il est capable de réaliser une production. Lorsqu'un enfant met en place des conduites d'échec ou lorsqu'il présente un niveau faible d'estime de lui-même, ce protocole clinique peut lui être très profitable.

IV LE TRAVAIL CRÉATIF

> La possibilité d'expression créatrice au moyen de disciplines expressives est un besoin primordial de l'enfant en cours de croissance, surtout lorsqu'elle exerce une influence pure et harmonieuse sur chaque individu. Quelque chose change dans la conscience de l'enfant qui a pu s'exprimer dans la « creative activity through art », quelque chose qui ne disparaîtra jamais entièrement. Ainsi l'adulte sera meilleur et plus heureux. En outre, il comprendra plus aisément ce que signifient « creative living » et « creative thoughts » pour son attitude et son bonheur.
>
> C. Ozinga, *L'Activité créatrice et l'enfant*, 1969, p. 53.

Avec une personne qui se bat contre l'évolution d'une maladie qui n'a d'autre aboutissement que la mort, un travail sur la trace semble permettre d'apaiser les peurs et donne, un instant, la satisfaction de ne pas avoir eu une vie dont personne ne se souviendra. On peut ainsi travailler en associant émotion et dessin. Par exemple, faire écouter des musiques classiques ou autres et demander au sujet de dessiner sur la musique, l'objectif étant par la suite d'en faire une trace que d'autres pourront voir, notamment les parents lorsqu'il s'agit d'un enfant ou d'un adolescent.

> La créativité laissée en friche est demeurée une fonction possible pour la formulation des sensations jamais exprimées. Il a suffi de mettre entre leurs mains un outil et un papier pour que surgisse, du non-conscient de leur être, un langage chargé d'expression.
>
> A. Stern, *L'Expression ou l'homo-vulcanus*, *op. cit.*, p. 61.

L'enjeu d'un tel travail est pour le sujet de lui permettre une intégration personnelle, de mettre de l'ordre dans le chaos qui règne en lui, de mieux le comprendre. Comment vivre et trouver un sens à sa vie quand on se sait atteint d'une maladie incurable, transmise par un parent génétiquement, confronté à la perte progressive de tout contrôle sur son corps alors qu'on est un adolescent plein de désirs ? La survie symbolique permet à l'enfant de mieux vivre avec ce qui lui arrive.

> La créativité au moyen du pouvoir figuratif réalise quelque chose de la beauté éternelle, car la créativité créatrice basée sur des disciplines expressives fait « apparaître ce qu'il y a de plus personnel et de plus précieux dans chaque individu ; c'est ce qui donne au créateur un sentiment de bonheur pur et intense ».
>
> C. Ozinga, *L'Activité créatrice et l'enfant*, *op. cit.*, p. 33.

Le travail créatif permet à l'enfant ou à l'adolescent non seulement d'exprimer ce qu'il sait sur lui et sur son entourage, mais aussi son lien intime avec les éléments qui l'entourent. Il s'agit ici de fournir à l'enfant la possibilité de s'affirmer et de s'affranchir de ses barrières fonctionnelles restrictives. Le sujet fait l'expérience de la transformation de ses affects et de ses pensées en images, issues de sa propre expérience. Ce travail lui permettra de prendre du recul avec sa situation actuelle et d'entamer le processus d'autonomisation par décisions et par choix personnels.

CONCLUSION

Les apports du dessin dans l'examen psychologique de l'enfant et de l'adolescent

L'examen psychologique consiste en une appréciation dynamique de la personne et de son fonctionnement psychique. Il répond à plusieurs objectifs. Les trois principaux et fondamentaux concernent l'évaluation des potentialités cognitives, l'appréhension des irruptions fantasmatiques et la compréhension des aménagements défensifs (Debray, 2000). Le dessin constitue un des outils qui possède plusieurs qualités pour répondre à ces objectifs. Il est à la fois médiateur de la relation thérapeutique et permet la mesure quantitative et qualitative. « Notre expérience nous montre à quel point le dessin est libérateur d'une énergie mobilisatrice et permet, quel que soit l'âge, de voir la personne s'exprimer et écrire une part d'elle-même » (Vinay, 2011, p. 21).

L'utilisation du dessin dans le cadre de l'examen psychologique de l'enfant et de l'adolescent offre de nombreux avantages : d'une part, il s'agit d'une activité coutumière pour l'enfant qui, bien souvent, ne sera ni surpris ni réticent à dessiner, d'autre part, le matériel demandé pour son application est fort simple et peu onéreux. L'épreuve graphique permet d'obtenir des informations sur le fonctionnement psychique de l'enfant, sur son niveau de compétences intellectuelles, sur son développement psychomoteur, sur sa perception de la réalité, sur son affectivité, sur son ressenti personnel, mais également, il favorise la confiance relationnelle, que nous pouvons à présent nommer l'alliance thérapeutique entre le clinicien et l'enfant ou l'adolescent.

Il conviendra toutefois de rester vigilant quant à l'utilisation et l'interprétation qui sera faite des dessins. Car « certes le moindre dessin d'enfant possède une signification expressive et symbolique, surtout s'il est produit en situation d'examen. Mais il est particulièrement difficile de dégager ces significations si l'on ne dispose pas d'un contexte suffisant, ce qui est souvent le cas dans l'examen » (Perron-Borelli et Perron, 1982, p. 214).

Le dessin libre possède cette vocation de permettre à l'enfant d'y exprimer ses ressentis à un moment précis, d'y faire ressortir ses impressions sur lui-même et sur le monde environnant. La narration du dessin par son auteur va ouvrir le dialogue et ainsi favoriser la relation de confiance.

Le dessin du bonhomme nous renvoie à l'être humain dans sa globalité, à son corps et au corps en développement de l'espèce vivante. Il apparaît que la compréhension de soi-même, de ses propres limites physiques et de l'image sociale puisse être particulièrement bien travaillée, si tel est l'objectif de l'examen psychologique, par l'intermédiaire du dessin de bonhomme.

Le dessin de la maison revêt une dimension sociale certaine dans laquelle le sentiment d'intégration pourra être mis en valeur. Les déviances, le sentiment de rejet, les phobies sociales, le handicap sensoriel, par exemple, constituent des thématiques qui pourront être abordées par le dessin de la maison chez l'enfant comme chez l'adolescent.

Le dessin de famille présente un intérêt décisif pour la compréhension des problématiques familiales vécues par l'enfant. Le dessin lui-même, tout comme les verbalisations en cours de réalisation, seront autant d'informations quant à la structure défensive de l'enfant ou de l'adolescent, sa perception des événements et de ses relations avec son entourage familial.

Le dessin de l'arbre constitue, selon Buck (1948), une excellente approche de la personnalité dans son ensemble. Des éléments relatifs à la sensibilité, au niveau de maturité, au sentiment d'intégration psychique de la trajectoire de vie ainsi qu'à la psychopathologie pourront être observés par le dessin de l'arbre. Enfin, il nous a semblé important de préciser *d'autres pistes* quant à l'utilisation du dessin dans le cadre de l'examen psychologique. Le dessin n'est plus seulement compris comme une traduction de soi d'un point de vue psychique, mais il est aussi perçu comme un outil d'expression et de création de soi qui permet le sentiment apaisant de réalisation de soi.

> Longtemps je me suis contenté de savoir que le dessin peut être une compensation aux frustrations en même temps qu'une affirmation de soi. Il m'était apparu aussi qu'en dessous des images innocentes se cache un langage secret ; je l'appelais celui des sensations, par opposition à toute formulation raisonnable... Il faut délivrer l'expression de telles emprises afin qu'elle devienne une pleine formulation – s'étendant de la figuration intellectuelle jusqu'aux tracés de la mémoire organique – une langue maternelle dans le lieu où elle s'épanouit et non point une langue étrangère mutilée, balbutiée n'importe où.
>
> A. Stern, *L'Expression ou l'homo-vulcanus*, *op. cit.*, p. 22, 24.

Tout dessin laisse une trace, trace de soi dans un moment particulier de sa vie, trace de soi dans l'histoire de l'Homme, trace mnésique dans le sentiment d'avoir existé un jour et marqué son entourage par une production émanant de son imaginaire et d'une relecture affective de la réalité. Après une telle production, l'enfant ou l'adolescent induit que sa singularité prend une place signifiante dans l'immensité terrestre et universelle.

BIBLIOGRAPHIE

ANZIEU A., « Dessins d'enfants », in MASSON C. (éd.), *Tracer /Désirer, Le Dessin d'enfant dans la cure psychanalytique*, Paris, Hermann, 2010, p. 47-61.

ANZIEU D., *Le Moi-Peau*, Paris, Dunod, 1985.

BALDY R., *Dessine-moi un bonhomme. Dessins d'enfants et développement cognitif*, Paris, In Press, 2010, (2002, 1re édition).

BALDY R., *Fais-moi un beau dessin*, Paris, In Press, 2011.

BÉNONY H., *Le Développement de l'enfant et ses psychopathologies*, Paris, Nathan Université, coll. « 128 Psychologie », 1998.

BERGER M., *L'Enfant et la souffrance de la séparation*, Paris, Dunod, 2003 (2e édition).

BESANÇON G., *Manuel de psychopathologie*, Paris, Dunod, 2005, (1993, 1re édition).

BUCK J., *The House-Tree-Person Technique*, Los Angeles, Western Psychological Service, 1970.

CAMBIER A., « Les aspects génétiques et culturels », in WALLON P., CAMBIER A. et ENGELHART D. (éd.), *Le Dessin de l'enfant*, Paris, PUF, 2008, p. 23-82.

CASTILLA, DE D., *Le Test de l'arbre, relations humaines et problèmes actuels*, Paris, Masson, 2000.

CHILAND C., « Quelques réflexions sur les concepts d'identité et d'identification », in ANTHONY E.J. et CHILAND C., *L'Enfant dans sa famille. Le développement en péril*, Paris, PUF, « Le fil rouge », 1992, p. 57-71.

CODOL P., « La quête de la similitude et de la différenciation sociale. Une approche cognitive du sentiment d'identité », in TAP P., *Identité individuelle et Personnalisation*, Toulouse, Privat, 1980, p. 162-181.

COGNET G., *Comprendre et interpréter les dessins d'enfants*, Paris, Dunod, 2011.

CORMAN L., *Le Test du dessin de famille*, Paris, PUF, 1961.

CREWS J., « Le symbolisme de la forêt et des arbres dans le folklore », *Unasylva*, *Perceptions des forêts*, vol. 54, n° 213/2, 2003, 37.

CROTTI E. et MAGNI A., « Dessins et couleurs : des outils à mieux exploiter », *Le Journal des professionnels de l'enfance*, septembre-octobre, n° 13, 2001, 53-54.

DEBRAY R., *L'Examen psychologique de l'enfant à la période de latence (6-12 ans)*, Paris, Dunod, coll. « Les Topos », 2000.

DOLTO F., *Séminaire de psychanalyse des enfants*, Paris, Le Seuil, 1982.

EMMANUELLI M. et SUAREZ-LABAT H., *L'Examen psychologique du jeune enfant*, Toulouse, Érès, 2010.

ENGELHART D., « Dessin, utilisation clinique et recherches », in WALLON P., CAMBIER A. et ENGELHART D. (éd.), *Le Dessin de l'enfant*, Paris, PUF, 2008, p. 83-115.

FERNANDEZ L., *Le Test de l'arbre. Un dessin pour comprendre et interpréter*, Paris, In Press, 2008, (2005, 1re édition).

FROMAGE B., *L'Épreuve des trois arbres*, Paris, In Press, 2011.

FROMONT G., « La symbolique de l'arbre », in STORA R. *et al.* (éd.), *Le Test de l'arbre*, Paris, PUF, 1978, p. 195-228.

GARDNER H., *Gribouillages et dessins d'enfants. Leur signification*, Bruxelles, Pierre Mardaga, 1980.

GOODENOUGH F., *L'Intelligence d'après le dessin : le test du bonhomme*, Paris, PUF, 1957.

HARRIS D.B., *Children's Drawing as Measures of Intellectual Maturity*, New York, Harcourt, Brace & World, 1963.

Houzel D., « Le dessin de la maison. Sa signification symbolique en psychanalyse d'enfants », in Anzieu D., Doumic-Girard A., Druenne-Ferry M.-C. *et al.*, *L'Enfant et sa maison*, Paris, ESF, 1988, p. 29-49.

Jumel B., *L'Aide-mémoire du dessin d'enfant*, Paris, Dunod, 2011.

Jung G., *L'Homme et ses symboles*, Paris, Robert Laffont, 1964.

Kagan J., « The concept of identification », *Psychol. Rev.* 65, 5, 1968, 296-305.

Klein M., *Psychanalyse d'un enfant*, Paris, Tchou, 1961.

Koch C., *Der Baumtest – Der Baumzeichnenversuch als psychodiagnostisches Hilfsmittel*, Bern, Hans Huber, 1949 ; traduction française, *Le Test de l'arbre*, Paris, Vitte, 1958.

Koppitz E.M., *Psychological Evaluation of Children's Human Figure Drawings*, New York, Grune & Stratton, 1968.

Lacan J., « Le stade du miroir », Écrits, Paris, Le Seuil, 1966.

Lefebure F., *Le Dessin de l'enfant. Le langage sans parole*, Paris, Masson, 2006, (1993, 1re édition).

Leif J. et Delay J., *Psychologie et Éducation*, tome I, « L'enfant », Paris, Nathan, 1974.

Luquet G.-H., *Le Dessin enfantin*, Neuchâtel, Delachaux et Niestlé, 1967 (1re édition, Paris, Alcan, 1927).

Machover K., *Personality Projection in the Drawing of the Human Figure*, Spingfield, C. Thomas, 1949.

Marcilhacy C., *Le Dessin et l'écriture dans l'acte clinique*, Paris, Elsevier Masson, 2011.

Mercier E., *Le Rêve-Éveillé-Dirigé Revisité*, Paris, L'Harmattan, 2001.

Minkowska F., *De Van Gogh et Seurat aux dessins d'enfants*, Paris, Presse du temps présent, 1949.

MUEL A., « La technique d'application selon la méthode de Renée Stora », in STORA R. *et al.* (éd.), *Le Test de l'arbre*, Paris, PUF, 1978, p. 71-136.

MUSSELMAN L.J., « Les arbres dans le Coran et la Bible », *Unasylva*, *Perceptions des forêts*, vol. 54, n° 213/2, 2003, 45-46.

MUSSEN P., « La formation de l'identité », in TAP P. (éd.), *Identité individuelle et Personnalisation*, Toulouse, Privat, 1980, p. 12-21.

NAVARRO A., *Le Dessin du bonhomme chez l'enfant*, Amiens, Document de circonscription, 2003.

NGUYÊN K.-C., *La Personnalité et l'épreuve de dessins multiples, maison, arbre, deux personnes*, Paris, PUF, 1989.

OZINGA C., *L'Activité créatrice et l'enfant*, Louvain, Vander, 1969.

PERRON-BORELLI M. et PERRON R., *L'Examen psychologique de l'enfant*, Paris, PUF, 1982.

PERRY J.C., GUELFI J.-D., DESPLAND J.-N. et HANIN B., Échelles d'évaluation des mécanismes de défense, Paris, Masson, 2004.

PULVER M., *Le Symbolisme de l'écriture*, Paris, Stock, 1953.

REY A., « Épreuves de dessin témoins du développement mental », *Arch. de psychol.*, vol. 31, n°121 à 124, 1946, 370-381.

RIBAULT C., « Le dessin de la maison chez l'enfant. Établissement d'une échelle de cotation discriminatoire pour chaque année d'âge », *Rev. neuropsychiatrie inf. et hygiène mentale de l'enf.*, 13/1, 2-3, 1965, 100.

ROYER J., *La Personnalité de l'enfant à travers le dessin du bonhomme*, Bruxelles, Editest, 1984, (1977, 1re édition).

ROYER J., *Le Dessin d'une maison. Image de l'adaptation sociale de l'enfant*, Paris, EAP, 2001, (1989, 1re édition).

ROYER J., « Les moteurs du dessin et son étude », *Le Journal des professionnels de l'enfance*, septembre-octobre, n° 13, 2001, 36-37.

ROYER J., « Dessin et abus sexuel », *Le Journal des professionnels de l'enfance*, septembre-octobre, n° 13, 2001, 60-63.

ROYER J., « Dessin du bonhomme : la personnalité de l'enfant dans tous ses états », Revigny-sur-Ornain, Les éditions du *Journal des Psychologues*, 2011.

SOULÉ M., « La maison et le corps », in ANZIEU D., DOUMIC-GIRARD A., DRUENNE-FERRY M.-C. *et al.*, *L'Enfant et sa maison*, Paris, ESF, 1988, p. 51-61.

STERN A., *Une grammaire de l'art enfantin*, Neuchâtel, Delachaux & Niestlé, 1966.

STERN A., *L'Expression ou l'homo-vulcanus*, Neuchâtel, Delachaux & Niestlé, 1973.

STERNIS C., « Interpréter les dessins d'enfant », *Le Journal des professionnels de l'enfance*, septembre-octobre, n° 13, 2001, 51-52.

STORA R., *Le Test du dessin d'arbre*, Paris, PUF, 1975.

STORA R. *et al.*, *Le Test de l'arbre*, Paris, PUF, 1978.

TOURRETTE C. et GUIDETTI M., *Introduction à la psychologie du développement : du bébé à l'adolescent*, Paris, Colin, 1995.

VINAY A., « Réflexions autour de l'utilisation du dessin dans l'examen psychologique », in MARCILHACY C., *Le Dessin et l'écriture dans l'acte clinique*, Paris, Elsevier Masson, 2011, p. 15-31.

VINAY A., ESPARBÈS-PISTRE S. et TAP P., « Pour une articulation théorique : résilience/attachement/coping », in PALACIO-QUINTIN E., BOUCHARD J. M. et TERRISSE B. (éd.), *Questions d'éducation familiale*, Québec, les éditions Logiques, 2004, p. 193-208.

WALLON H., *L'Évolution psychologique de l'enfant*, Paris, Armand Colin, 11e édition, 2002, (1941, 1re édition).

WALLON P., *Le Dessin d'enfant*, Paris, PUF, 5e édition, 2012, (2001, 1re édition).

WALLON P., CAMBIER A. et ENGELHART D., *Le Dessin de l'enfant*, Paris, PUF, 3e édition, 2e tirage, 2008 (1990, 1re édition).

WALLON P. et MESMIN C., *La Figure de Rey. Une approche de la complexité*, Toulouse, Érès, 2002, (1999, 1re édition).

WEISMANN-ARCACHE C., « Du gribouillage au dessin figuratif », *Le Journal des professionnels de l'enfance*, septembre-octobre, n° 13, 2001, 39-41.

WIDLÖCHER D., *L'Interprétation des dessins d'enfants*, Liège, Mardaga, 14e édition, 1998, (1965, 1re édition).

INDEX DES NOTIONS

A
âge du modèle, 31
alliance thérapeutique, 113
arbre de rêve, 95

B
bonhomme têtard, 31

C
cancer, 41
carences affectives précoces, 44, 55, 104
collage thérapeutique, 109-110
couleur, 17, 21, 23, 27, 35, 39, 46, 52-53, 55, 58, 61, 64, 68, 74, 85, 92-94, 101, 109

D
déficience intellectuelle, 99
dessin
  de famille, 67-70, 73, 74-75, 77-79, 81-86, 114, 118
  de la maison, 46, 47-49, 51-52, 55-59, 61, 64-65, 114, 119-120
  de l'arbre, 87, 91-94, 96, 99, 101-104, 114-115
  du bonhomme, 29-34, 36, 39, 41-42, 44, 46, 68, 114, 120
  libre, 11-13, 19, 27-29, 58, 114

E
enfant victime, 84-85

F
figure de Rey, 39-40, 122

G
gribouillage différencié, 17

H
habitat, 47, 62
handicap, 42, 54, 114

I
image
  corporelle, 19, 32, 44, 51, 55
  du corps, 32-33, 41
indice de Wittgenstein, 98

M
mandala, 107-109

N
névrose, 46
  obsessionnelle, 53

P
phase
  de l'ordonnancement, 21
  du perfectionnement, 21
placement familial, 83
prémaison, 49-50
processus d'identification, 72, 73, 81-82
psychose, 46, 100, 102

R
réalisme
  fortuit, 17, 30
  visuel, 19, 30
représentation conceptuelle, 18
retard
  affectif, 55
  mental, 45
rêve éveillé dirigé, 43, 119

S
schéma corporel, 32-34, 39, 44, 49
stade du miroir, 32, 119
symbolique spatiale, 96

symbolisme de l'espace, 92

T
tempérament, 21, 27
tendances paranoïdes, 46
test
  de l'arbre, 93, 95, 99, 103, 105, 117-119
  du bonhomme, 33, 36-39, 45, 118
  du dessin de la maison, 57
trace, 7-8, 11, 15-16, 23, 42, 45, 87, 96, 110-111, 115
trait, 8, 11, 14-15, 17-19, 23-24, 27-29, 45, 53, 56, 60-61, 63, 69, 80, 96-98, 100-104
traumatisme crânien, 43
travail créatif, 110-111
troubles
  du comportement alimentaire, 33, 52
  névrotiques, 102

conception
réalisation
mise en page

pca

44405 Rezé cedex

71034 - (I) - (1,3) - OSB 80° - PCA - JME

Dépôt légal : avril 2014

Achevé d'imprimer par la Nouvelle Imprimerie Laballery - 58500 Clamecy
N° d'impression : 403048

Imprimé en France

La Nouvelle Imprimerie Laballery est titulaire de la marque Imprim'Vert®